Res Hubler

Seelenwirt

www.fontis-verlag.com

Freude am Freudebereiten!

Das war unser Motto im Gasthaus «Krone» zu allen Zeiten:
in der Epoche als renommierter Landgasthof,
in der prestigeträchtigen Ära als Gourmet-Restaurant,
im dramatischen Jahrzehnt als kultureller und gastronomischer Treffpunkt und auch in den erfüllten Jahren als soziale Arbeits- und Wohngemeinschaft.

Dieses Buch ist all jenen gewidmet,
die Appetit auf Leckeres für Leib und Seele haben.

Res Hubler
mit Daniel Oliver Bachmann

Seelenwirt

Liebe geht durch den Magen, macht aber dort nicht Halt.

Bibliografische Information der Deutschen Nationalbibliothek
Die Deutsche Nationalbibliothek verzeichnet diese Publikation in der Deutschen Nationalbibliografie; detaillierte bibliografische Daten sind im Internet über www.dnb.de abrufbar.

Der Fontis-Verlag wird von 2021 bis 2024 vom Schweizer Bundesamt für Kultur unterstützt.

Umschlag und Banderole: Carolin Horbank
Fotos Umschlag: karandaev – stock.adobe.com
Satz: Justin Messmer, Basel
Druck: Finidr
Gedruckt in der Tschechischen Republik

ISBN 978-3-03848-222-2

Inhalt

Prolog

In der Luft liegt beißender Brandgeruch. Als Koch bin ich sofort alarmiert, obwohl ich nicht in meiner Küche stehe. Es ist der 5. Juli 1995, ein Mittwoch.

Diesen Wochentag nenne ich Wirtesonntag. Da kann ich mir etwas Zeit für Familie und Sport nehmen, was sonst selten möglich ist. Wir arbeiten in einem Beruf, in dem es so gut wie keine Freizeit gibt. Arbeitstage, die 14, 15 oder 16 Stunden dauern, sind bei mir eher die Regel als die Ausnahme. Ich mache das aus Pflichtbewusstsein, weil ich weiß, dass neben meinem Talent am Herd und meiner erstklassigen Ausbildung Disziplin und eiserner Wille die wesentlichen Gründe sind, die unserem Restaurant «Krone» den Stern im *Guide Michelin* sowie 17 Punkte und drei rote Kochmützen bei *Gault&Millau* beschert haben. Erst neulich lobte man mich dort wieder in den Himmel: «Als Pâtissier ist Andreas Hubler präzisem Arbeiten von Haus aus verpflichtet, und diese Qualität zieht sich wie ein roter Faden durch seine Küche», ist in der neuesten Ausgabe zu lesen.

Qualität und Präzision sind auch das Markenzeichen meiner Frau Therese. Sie zählt zu den besten Sommeliers in der Schweiz und ist nebenbei ein Organisationstalent. Während ich impulsiv und ungeduldig bin und am liebsten improvisiere, ist sie ausgeglichen, gelassen und bestens organisiert. Dazu ist sie sehr belastbar. Selbst 20-Stunden-Schichten steckt sie weg.

Der Rauch, der den Himmel verdunkelt, kommt aus Richtung der «Krone».

Unser Haus ist alt und befindet sich seit 157 Jahren im Familienbesitz. Ich vertrete die fünfte Generation. Alle, die vor mir kamen, waren in der Landwirtschaft und der Gastronomie tätig, begonnen mit Jakob und Stefan Hubler, die das Haus in Bätterkinden an der Kreuzung der Straßen Bern–Solothurn und Limpachtal–Burgdorf erwarben. Erst kürzlich hielt ich die Kopie der Kaufbriefe in den Händen: Mit 900 Franken wurde das Anwesen damals brandversichert, und nun …

Ich springe aufs Fahrrad und lege die 200 Meter nach Hause in kürzester Zeit zurück. Als ich die «Krone» erreiche, brennt der Dachstock lichterloh!

Das Haus ist groß, weil jeder meiner Vorfahren etwas hinzugefügt hat, wenn es die Umstände erforderten: etwa, als die Brauerei im Nachbarhaus eingerichtet wurde und die Braumeister im Winter Eis aus dem gefrorenen Weiher schnitten, um Blöcke davon für die Kühlung im Sommer zu lagern. Es wurde berühmt, unser Krone-Bier, und doch war die Brauerei am Ende, als die Konkurrenz auf moderne Flaschenabfüllung umstieg. Einige Jahre danach begann eine spätere Generation mit dem Keltern von Wein. Den Traubenmost erwarben sie bei der Winzerfamilie Chappuis im waadtländischen Epesses. Über hundert Jahre lang wurde er mit dem Pferdefuhrwerk, mit der Bahn und im Lastwagen zur «Krone» gebracht und dort gekeltert. Es war mein Vater, der in den 1960er Jahren diese Tradition aufgab, weil Önologen durch Kelter-Techniken bessere Möglichkeiten hatten, in schlechten Jahren die Weine zu korrigieren.

Mein Vater! Unser Verhältnis war auf der einen Seite schwierig, belastend und bitter. Auf der anderen Seite versorgte er mich als Meister der französischen Küche mit dem nötigen Rüstzeug. Er beherrschte das ganze Repertoire: von Terrinen, Pasteten, Galantinen, Fonds, Jus, Suppen, Saucen, Zwischengerichten und Hauptspeisen bis hin zu Soufflés und Cremes. Schon als kleinen Jungen stellte er mich allen Leuten als künftigen Kronenwirt vor. Damit begannen unsere Probleme. Mit meinem sensiblen Gemüt wäre ich für einen sozialen Beruf besser geeignet gewesen. Auch von einer Laufbahn als Goldschmied, Möbelschreiner, Pfarrer oder Arzt habe ich geträumt. Doch für Vater war es eine ausgemachte Sache: Res wird Spitzenkoch und übernimmt die «Krone». Ob ich das wollte oder nicht, spielte keine Rolle.

Jetzt stehe ich vor unserem brennenden Haus, auf dem Höhepunkt meiner Karriere. Therese und einige Angestellte sind darin! Wir haben zwar Ruhetag, doch das Dorfbeizli, die kleine Wirtschaft für jedermann, die wir neben dem Restaurant führen, ist trotzdem geöffnet. Wahrscheinlich ist Nunzio, ein Angestellter, darin, und Therese im Büro. Haben sie die Gefahr noch gar nicht bemerkt? Die Hitze ist mörderisch.

Ausgerechnet jetzt blitzt eine Erinnerung auf an meine Zeit als *Chef Tournant* im Badrutt's Palace Hotel in St. Moritz. Die Küche dort war groß wie eine Kathedrale mit einem gigantischen Herd aus Stahl und Gusseisen als ihrem Herzstück. Dieser wurde mit Heizöl angefeuert, was die Herdplatte glühend rot erhitzte. Darüber hing ein eisernes Gestell, worauf auf Hochglanz polierte Platten, Légumiers und Saucieren die Hitze abstrahlten. Dem Herd gegenüber stand der Holzkohlengrill des *Rôtisseurs*, der ebenfalls sehr heiß war. Manchmal tränkte ich meine Kleider mit kaltem Wasser, um zwischen den Geräten hantieren zu können.

«Das sollte ich jetzt tun», schießt es mir durch den Kopf, «die Kleider nass machen!»

Doch die Zeit läuft mir davon. Schon schießen Flammen aus den Fenstern, glüht der Dachstuhl von innen. Ich hole tief Atem und renne ins Haus.

Noch Kind – und fast schon Kronen-Wirt

Bätterkinden liegt im Schweizer Mittelland zwischen Bodensee, Hochrhein, Jura und Alpen. Diese Gegend ist die Kornkammer der Schweiz. Eine weite Ebene, aus der sich hier und da grüne Hügel erheben, die in den Augen der Bergbewohner natürlich nicht der Rede wert sind. Wir Mittelländer haben die Alpen ständig vor Augen: Die prächtigen Schneeberge Finsteraarhorn, Wetterhorn, Schreckhorn, Eiger, Mönch und Jungfrau weckten schon als Kind Sehnsüchte in mir. Unser Restaurant bietet jedoch leider keinen Alpenblick. Die «Krone» liegt in einer Senke, was dazu führte, dass ich das Alpenpanorama nur zu Gesicht bekam, wenn ich am Wochenende meine Großmutter mütterlicherseits in Jegenstorf besuchte. Das war häufig der Fall, weil zu Hause immer Hochbetrieb herrschte und keiner Zeit für mich und meine zwei Jahre ältere Schwester Marianne hatte.

Großmutter war eine Bäuerin wie aus dem Bilderbuch. Zusammen mit Großvater Fritz führte sie das Regiment auf dem stattlichen Hof. In ihrem Garten ragten die Stangenbohnen alle exakt gleich hoch aus der Erde. Die Beete waren wie mit dem Lineal gezogen, Gemüse und Salate standen in Reih und Glied. Sollte sich einmal ein Unkraut ans Tageslicht wagen, sorgten die fleißigen Hände von Großmutter dafür, dass ihm keine Zeit zum Wuchern blieb. Ihr Blumengarten war eine Pracht. Geranien zierten die Fenster und Lauben.

Bei Großmutter wurde ein wichtiger Grundstein für meine Karriere gelegt. Nicht nur, weil ich ihr oft beim Kochen zuschaute, sondern auch, weil Großmutter mir zeigte, was ehrliche Grundnahrungsmittel mit unverfälschtem Aroma sind. Von ihr lernte ich den Respekt vor Lebensmitteln und den Menschen, die diese herstellen. Ich lernte einfache, aber sorgfältig zubereitete Gerichte zu schätzen. Und ich lernte zu sparen: Was nicht gegessen wurde, wurde verwertet. Nichts wurde jemals weggeworfen. So erfuhr ich schon früh, wie gedörrt und eingemacht und gemostet wird. War dann immer noch Obst übrig, kam es ins Fass. Damit wurden feine Schnäpse zum Verkosten gebrannt – und weniger feine zum Einreiben von Krampfadern und für kalbende Kühe.

Natürlich ahnte ich damals noch nicht, wie sehr mich dieses nachhaltige Wirtschaften prägen sollte. Später wurde auch in meinem Sterne-Restaurant so gut wie nichts weggeworfen. Selbst aus Resten schuf ich außergewöhnliche Gerichte, die es nirgendwo sonst gab.

Ich liebte es, in Großmutters Gewölbekeller hinabzusteigen, wo die Milchgepsen standen. So heißen die flachen Aluminiumbottiche, aus denen mit viel Sorgfalt der Rahm abgeschöpft wurde. Gleich daneben gab es den Gärtopf aus Steinzeug, in dem mild gestampftes Sauerkraut duftete. Darüber stapelte sich in Holzregalen säuberlich geordnet Eingemachtes, während geräucherte Würste von der Decke baumelten. Die aßen wir zum Holzofenbrot, das Großmutter backte, genauso wie den goldgelben Hefezopf für den Sonntag. Dafür schickte sie Alice, die Magd, zum Hühnerhof, wo sie zwischen gackernden Hühnern im Stroh nach Eiern suchte.

Was ich nicht mochte, war, zu Hause beim Schlachten mit dabei zu sein. Alle zwei Monate rückte in der «Krone» der Metzger an, um drei Schweine zu schlachten, die wir im landwirtschaftlich genutzten Teil der «Krone» gemästet hatten. Das Quieken der Schweine und den Geruch von Blut und warmen Eingeweiden mochte ich nicht. Weil aber beim Schlachten alle Hände gebraucht werden und mein Vater meinte, dass ich als künftiger Kronenwirt früh lernen sollte, woher Fleisch und Wurst stammen, musste ich mit anpacken.

Seine Mutter war eine talentierte Köchin gewesen, doch er war es, der die «Krone» zielstrebig zu einer ersten Adresse für Feinschmecker gemacht hatte. Er setzte auf Eigenkreationen, die kein anderer Koch auf der Menükarte hatte. «Ihr müsst die Hauspastete in der Krone probieren», hieß es landauf, landab. «Die ist ein Gedicht.»

Um sie zuzubereiten, war viel Arbeit nötig: Zunächst legte mein Vater Kalb- und Schweinefleisch mit Zwiebeln und einer geheimnisvollen Gewürzmischung in Weißwein ein. Danach wurde alles weichgekocht, püriert und mit Cognac, Butter und weiteren Gewürzen verfeinert. Das ergab die Grundmasse, die man «Farce» nennt. In diese kamen mit Schinken umwickelte Schweinefilets, Pistazien, Totentrompeten und gepökelte Rindszungenwürfel. Farce und Einlage wurden in die mit Teig ausgelegten Formen gepackt und anschließend gebacken. Nach dem Auskühlen goss er feines Madeiragelee in die entstandenen Hohlräume und servierte als Beilage Selleriesalat mit Nüssen und Sauce Cumberland. Während ich diese Sätze schreibe, läuft mir das Wasser im Mund zusammen.

Doch neben dem Bild des Meisterkochs breitet sich noch ein anderes Bild von meinem Vater in meinem Gedächtnis aus: In seiner Küche ging es immer laut und hektisch zu. Ohne Flüche, ohne Brüllen und ohne Schimpfen ging es bei ihm nicht. Meine Mutter und das Personal litten sehr unter diesen Ausbrüchen, und ich litt mit ihnen.

Es ist ja kein Geheimnis, dass der Umgangston in den Küchen oft rau ist. Daran hat sich vielerorts bis heute nichts geändert. Wen wundert es, bei den Arbeitsbedingungen? Wenn viele Menschen auf engstem Raum in hoher Schlagzahl Spitzenleistungen erbringen müssen und kein Fehler verziehen wird, sind strenge Hierarchien und klare Ansagen ein Muss.

Und doch belastete mich dieser raue Umgang.

Damals konnte ich nicht verstehen, weshalb mein Vater so häufig die Nerven verlor. Heute fällt es mir etwas leichter: Als Kind ahnte ich nichts von dem Druck, den er verspürte. Meine Mutter erzählte mir später, wie sehr er unter Existenzängsten und Depressionen gelitten hat. Erst im Alter, als der Leistungsdruck von ihm gewichen war, lernte ich ihn ganz neu als liebevollen Menschen kennen.

Später musste ich selbst erfahren, was Leistungsdruck, Existenzängste und Depressionen aus einem machen.

Vater hatte Talent, Können, Disziplin und Ehrgeiz und war auf dem besten Weg gewesen, Karriere zu machen. Als junger Mann kochte er unter anderem im Gourmet-Restaurant vom «Baur au Lac», dem berühmten 5-Sterne-Luxushotel im Herzen von Zürich. Was ranken sich nicht alles für Legenden um das Haus am Bürkliplatz: Dort wurde der Friedensnobelpreis aus der Taufe gehoben, feierte Richard Wagner die Uraufführung der Walküre und verewigte sich Walt Disney im Gästebuch mit einem Donald Duck.

Wer in der Küche wirkte, kochte für Kaiser, Könige, Präsidenten, Milliardäre, Künstler von Rang und Namen – und war auf dem besten Wege, sich selbst Rang und Namen zu schaffen.

Das war auch der Plan meines Vaters. Doch anderswo gab es andere Pläne: Der Zweite Weltkrieg brach aus. Auch wenn sich die Schweiz neutral verhielt, wurde die Armee mobilisiert. General Henri Guisan zog manche Truppen ins Réduit zurück, ein weitverzweigtes System von Verteidigungsanlagen in den Alpen. Andere wurden an den Grenzen stationiert. Damals konnte man in der Schweiz den Wunsch äußern, zur Kavallerie eingeteilt zu werden, was mein Vater tat. Ein wichtiger Grund war, dass jeder Rekrut gegen Ende der Rekrutenschule ein Pferd vom Bund ersteigern konnte, um es zu Hause als Arbeits- oder Sportpferd einzusetzen. Mein Vater wurde in den Jura abkommandiert, wo er für seine Einheit kochte.

Was für ein Gegensatz! Gerade hatte er noch im «Baur au Lac» für fürstliche Häupter gekocht, nun musste er die Truppe bei Laune halten. Doch auch das machte er so gut, dass er von der Mannschaft hochgeschätzt wurde. Ich bekam häufig mit, wie die Männer ihren Küchenchef lange nach dem Krieg noch immer wertschätzten. Im Grunde genommen war ihr Beifall viel mehr wert als jede Lobhudelei eines Gourmetkritikers. Niemand ist ein guter Koch, weil er mit Luxusprodukten besondere Gerichte herstellen kann. Ein guter Koch zeichnet sich dadurch aus, dass er versteht, zu jeder Tages- oder Nachtzeit und in jeder erdenklichen Situation aus den vorhandenen Lebensmitteln das Beste herauszuholen. Das konnte Vater.

Er brachte es mir später bei und verfeinerte so die Kenntnisse, die mir meine Großmutter mit auf den Weg gegeben hatte. Kein

Wunder, dass ich später bei Kochkunstausstellungen und Kochwettbewerben, bei denen ich aus (teilweise) vorgegebenen Waren das Beste zu machen hatte, ausgezeichnet abschnitt.

Ich erinnere mich, wie Vater in späteren Jahren noch oft von der Zeit im Krieg sprach. Das Netzwerk, das er in dieser Zeit geknüpft hatte, sollte später für die «Krone» wichtig werden: Viele seiner Kameraden nahmen nach dem Krieg hohe Positionen in Wirtschaft und Gesellschaft ein.

Kamen VIP-Gäste ins Haus, sah ich meinen Vater Bücklinge machen. Er verteilte Komplimente, selbst wenn diese nicht angebracht waren, und war anbiedernd, was mir nicht gefiel. *Herr Oberst* hier, *Frau Großrat* dort; *der Herr Doktor* und *die Frau Direktor* … mir war das alles zuwider. Besonders, wenn die Freundlichkeit sehr einseitig war. Echte Noblesse zeigt sich am guten Benehmen, was manche Gäste meines Vaters offenbar nicht wussten.

In Vaters Kopf ratterte ständig die Registrierkasse. Vielleicht hatte ihn sein Vater geprägt, der zwei Brüder hatte auszahlen müssen, als er das Gasthaus übernahm. Zeit seines Lebens klagte er darüber, dass es viel zu viel gewesen sei.

Tatsächlich setzt ein Betrieb wie die «Krone» ordentlich Geld um, doch bleibt davon nur wenig hängen. Das meiste geht für den Wareneinsatz drauf, fürs Personal, für Umbauten und Gerätschaften. Eigentlich muss man sich nicht darüber wundern, wenn aus diesem Grund so manche Gastronomen nach Gelegenheiten suchen, unter der Hand etwas zu verdienen. Ein Bankett außer Haus, dessen Rechnung nicht den Weg in die Bücher findet, ist in der Szene leider keine Seltenheit. Auch mein Vater nahm gelegentlich Schwarzgeld entgegen, und ich übernahm diesen Brauch, als ich Chef in der «Krone» wurde.

Als Therese und ich uns dann bewusst für einen Weg des Glaubens entschieden, hörten wir nicht nur damit auf, sondern räumten damit so weit wie möglich noch rückwirkend auf, was zu einigen Konflikten führte. Doch es war uns wichtig, hier aufrichtig zu handeln. Unser Argument, diese Praxis nicht mit unserem Glauben vereinbaren zu können, stieß bei Gästen, die gern mit Schwarzgeld bezahlten, oft auf völliges Unverständnis. Hätten sie zukünftig die «Krone» einfach gemieden, wäre das für meine Frau und mich in Ordnung gewesen. Doch einige von ihnen waren sich nicht zu schade, uns zu verleumden. Sie bezeichneten uns als «Stündeler», was ein berndeutscher Ausdruck für Sektierer ist. Dies erwies sich als schädlich fürs Geschäft. Mein Vater machte mir das zum Vorwurf. Für ihn kam das Geschäft vor dem Glauben.

1939, im Jahr, als der Krieg ausbrach, hatte er meine Mutter auf einem Sängertag kennengelernt. Sie stammte aus dem zehn Kilometer entfernten Dorf Jegenstorf, wo ihre Eltern den bereits beschriebenen idyllischen Bauernhof besaßen. Als habe die Harmonie der Umgebung auf sie abgestrahlt, war sie eine feinfühlige und warmherzige Frau.

Sah man meine Eltern zusammen, kam einem das Sprichwort in den Sinn, dass sich Gegensätze anziehen. Warum sich ihre Herzen tatsächlich gefunden haben, kann ich bis heute nicht sagen. Natürlich, mein Vater war ein attraktiver Mann, und vielleicht machte er Eindruck auf sie, da er neun Jahre älter war und einiges erlebt hatte. Und wer weiß, womöglich sehnte er sich einfach nach einer gutherzigen Frau. Jedenfalls heirateten die beiden 1946. Ein Jahr später kam meine Schwester zur Welt, wiederum zwei Jahre später ich.

Meine Mutter brachte einen starken Glauben an Gott mit in die Ehe, aus dem sie Kraft, Trost und Frieden schöpfte. Mit Jesus Christus verband sie eine geradezu persönliche Beziehung, und daran wusste sich mein Vater zu reiben. Ich erinnere mich, als sei es gestern gewesen, wie ich als kleiner Junge in der Küche stand und mein Vater meine Mutter vor dem Personal anschrie, weil etwas schiefgelaufen war: «Jetzt soll dir doch dein Jesus helfen!»

Mutter brach in Tränen aus, und ich fühlte mich völlig hilflos. Warum tauchte Jesus nicht in der Küche auf und legte Hand an? Ich hatte viele Fragen, aber wenige Antworten! Damals und in einigen ähnlichen Momenten blieb allein das furchtbare Gefühl, nichts tun zu können, an mir haften. Wer war ich schon? Ein kränklicher, schüchterner Junge, der wegen Asthma keinen Sport treiben durfte, der Angst vor seinem Vater hatte und nur bei der Mutter Liebe und Geborgenheit spürte.

Mutter betete jeden Abend mit uns, doch für den Besuch von Gottesdiensten oder das Lesen in der Bibel war keine Zeit.

Bei Vater hatte das Geschäft stets Vorrang. Es gipfelte darin, dass wir nicht einmal eine eigene Wohnung besaßen. Die «Krone» war für unsere Familie der Ort zum Arbeiten, für unsere Gäste der Ort des Vergnügens. Meine Eltern, meine Schwester und ich hatten zwar jeweils ein Schlafzimmer, doch gab es keine Tür, die diesen Teil des Hauses von der Öffentlichkeit abgrenzte. Ein Rückzugsort, ein Platz für die Familie, eine Privatsphäre? Fehlanzeige! Die gute Stube war bei uns das Büro. Unser Badezimmer befand sich neben den Gästetoiletten.

Damals hatte ein Landgasthof von der Größe und Bedeutung der «Krone» immer einen eigenen Festsaal. Dort kamen die Schützen zusammen und die Musikgesellschaft, dort wurden großartige Vereinsfeste und Hochzeiten veranstaltet. Bei uns lag dieser Festsaal im zweiten Stock, und die Besucher nutzten die Toiletten neben meinem Zimmer. Ich weiß nicht mehr, wie viele schlaflose Nächte ich verbrachte, weil Jubel, Trubel, Heiterkeit wieder kein Ende nahmen.

In der Ferienzeit packte uns mein Vater in seinen blaugrauen Opel und quälte ihn über die Alpenpässe zu Wirtekollegen, um dort stundenlang zu fachsimpeln. Meine Mutter habe ich bei diesen Ausflügen todmüde in Erinnerung, meine Schwester gelangweilt, und mich – vermutlich beides. Doch wir wagten keine Widerrede, sondern harrten artig aus. Auch meine Mutter machte gute Miene zum bösen Spiel. Schließlich kannte sie ihren Ehemann und sein einseitiges Interesse. Als Anfang der 60er Jahre der Schweizer Bundespräsident Friedrich Traugott Wahlen mit seinem deutschen Amtskollegen Heinrich Lübke an einem Tisch in der «Krone» Platz nahmen, war das für meinen Vater wie ein Ritterschlag.

Während ich darüber schreibe, blicke ich auf ein Foto von diesem Tag: Gerade reiche ich dem Schweizer Bundespräsidenten die Hand. Die Herren schauen lächelnd auf mich herab, wahrscheinlich, weil Vater mich als künftigen «Kronen»-Wirt vorgestellt hat. Dabei halten sie Blumensträußchen in den Händen, die ihnen meine Schwester und ich überreicht haben. Im Hintergrund zieht ein Offizieller an seiner Zigarette. Daran kann ich mich ebenfalls erinnern: dass Gasthäuser wie die «Krone» damals noch mächtig verqualmte Orte waren.

Wie gesagt, ich war ein kränklicher Junge. Mit Milchschorf und Asthma plagte ich mich in meiner Kindheit herum. Ob der ständige Zigarettenqualm etwas damit zu tun hatte? Die Symptome klangen nur ab, wenn ich in den Bergen war. Daher schickten mich meine Eltern in den Ferien häufig nach Boltigen ins Berner Oberland, wo eine unserer Köchinnen herkam. Bei deren Eltern wurde ich liebevoll aufgenommen. Schon bald nannte ich die beiden «Dubach-Mueti» und «Dubach-Vati». Dort, im Simmental, das Felix Mendelssohn Bartholdy nach seinem Besuch als «grünstes Tal Europas» bezeichnet hatte, fühlte ich mich pudelwohl. Es waren sonnige Zeiten – und das nicht nur, weil in den Bergen häufig die Sonne scheint, während im Mittelland eine dicke Wolkendecke hängt, sondern weil meine psychische Anspannung hier spürbar nachließ. Für eine kurze Zeit vergaß ich, dass ich bald wieder in die Schule musste, wo ich nicht gerade glänzte, auch das nicht zuletzt bedingt durch den häuslichen Stress.

Im Alter von 16 Jahren steckten mich meine Eltern in ein katholisches Knabeninstitut. Als es so weit war, hörte man von mir keinen Widerspruch. Ich nahm es einfach hin, so wie ich alles hinnahm.

Estavayer-le-Lac liegt am Ufer des Neuenburger Sees im Kanton Freiburg, ein mittelalterlich geprägtes Städtchen mit engen Gassen, gepflasterten Plätzen, Arkadengängen und hier und da einem schiefen Haus. Blicke ich zurück, empfand ich die Zeit im Knabeninstitut Stavia mit vielen Gleichaltrigen als angenehm. Natürlich hatte ich manchmal Heimweh, doch überwog meine Erleichterung, der «Krone» und allem, was mit ihr zusammenhing, entkommen zu sein.

Weil das Institut in der französischsprachigen Schweiz lag, war das die Unterrichtssprache. Frankreich ist ja der Nabel der Welt, wenn es um die gehobene Gastronomie geht, und dort sollte ich schließlich hin. Da ich bereits fünf Jahre Französischunterricht hinter mir hatte, bereitete mir die Sprache keine Probleme. Zum Glück, weil der Tagesablauf auch so schon anstrengend genug und zudem genau reglementiert war. Zeit zum Durchatmen blieb kaum: Neben dem Unterricht mussten wir Tag für Tag zwei Andachten und zwölf Gebete absolvieren.

Heute würde ich sagen, dass man versuchte, den Glauben in uns reinzustopfen. Kein Wunder, dass am Ende wenig hängen blieb außer routiniertem Gebetsgemurmel, ohne mit dem Herzen dabei zu sein. Was meinen Glauben angeht, hat mich dieses katholische Knabeninstitut viel weniger geprägt, als es meine Mutter vermochte mit ihrem innigen und lebendigen Glauben an Jesus Christus.

Genauso lieblos wie die Vermittlung des Glaubens im Knabeninstitut war die Verpflegung. Habe ich gerade «lieblos» geschrieben? Ach was, das war noch zu freundlich. Das Essen war grottenschlecht – und das sicher nicht nur aus der Perspektive eines künftigen Kochs. Zum Beispiel das Käsefondue, ein Schweizer Nationalgericht: Es gibt wahrlich kompliziertere Speisen als diese, eigentlich wäre es nicht schwer gewesen, sie ordentlich zuzubereiten. Beim Käsefondue werden je zur Hälfte Greyerzer Käse und Freiburger Vacherin in Weißwein geschmolzen, mit einem Schuss Kirschschnaps. Im Institut wurden leider billigere Käsesorten verwendet und auf den Kirsch verzichtet. Das Ergebnis war ungenießbar.

Zwischen der Küche im Untergeschoss und den Speisesälen in den Stockwerken darüber verkehrte ein alter Essensaufzug. Die Türen zu seinem Schacht ließen sich jederzeit öffnen. Dann gähnte vor einem ein dunkles Loch. Einmal schmissen wir aus lauter Frust über das schlechte Essen alle Fondueschüsseln dort hinein. Erst folgten ein Rumpeln und ein Poltern, als sie unten aufschlugen, dann hörte man aus der Küche einen markerschütternden Schrei. Doch wir waren die Überzahl, 70 Jungs.

Immer knurrte uns der Magen. Dem Hunger sollte man jeden Nachmittag mit einem Achtel Schachtel-Käse, einem Stück Brot und lauwarmem Tee beikommen. Auch das ging nicht gut. Eines Tages bewarfen wir unsere Lehrer auf Kommando mit dem Käse. Erstaunlicherweise gab es kaum Ärger.

Den bekam ich dafür umso mehr, als ich eines Tages das Kruzifix in meinem Zimmer abnahm und an seiner Stelle ein Spiegelei an den Nagel hängte. So trocken hatte es auf meinem Teller gelegen, dass es einwandfrei hängenblieb! – Eine solche Bratkunst muss man erst mal hinbringen.

Mein «Gang nach Canossa» war die anschließende Visite beim Direktor. Dieser war Abt und hatte keinen Sinn für solche Späße. Eigentlich hatte er überhaupt keinen Sinn für Späße. Mein Rausschmiss lag in der Luft, und das wäre mir zu Hause nicht gut bekommen. Doch er ließ Gnade vor Recht ergehen, und dafür bin ich ihm heute noch dankbar. Das Spiegelei kam von der Wand, das Kruzifix fand seinen Weg zurück.

Die Kochkünste im Institut wurden trotzdem nicht besser, und die Gebete und Andachten auch nicht.

Nur einen Steinwurf vom Institut entfernt lag die Mädchenschule «Pensionnat du Sacré-Cœur», im 19. Jahrhundert gegründet von Ingenbohler Schwestern. Unsere Sehnsüchte wanderten dorthin, doch waren die Priester ausgezeichnete Hirten, die ihre Schäfchen zu hüten wussten. Falls es einige meiner Schulkameraden über die hohen Mauern geschafft haben sollten, zolle ich ihnen nachträglich Respekt. Mir gelang es leider nie.

Dafür verbesserte ich mich in der Schule von Monat zu Monat. Nach einem Jahr verließ ich das Knabeninstitut mit dem Handelsdiplom in der Tasche und dem 1. Platz in der Abschlussprüfung.

Eierrösti nach Art meiner Großmutter

Zwischen den Kapiteln begegnen Ihnen Rezepte, die sich in meiner langen Laufbahn als Koch, aber auch einfach so im Leben, zu Lieblingsrezepten entwickelt haben. Sie sind relativ einfach zuzubereiten und benötigen keine speziellen Geräte oder Maschinen.

Schreibe ich «Zwiebeln oder Schalotten gehackt» und «Knoblauch gepresst», lässt sich das auch so machen. Besser ist jedoch immer, mit einem scharfen Messer alles sehr fein zu schneiden.

Als Lehrling hätte ich mir das auch gewünscht: Heute können Sie ganz einfach bei YouTube nachschauen, um zum Beispiel herauszufinden, wie Sie die Sabayon aufschlagen oder den Blätterteig tourieren. Nutzen Sie diese Möglichkeit!

Alle Maße habe ich Ihnen in g und kg angegeben, auch Flüssigkeiten, sowie EL (Esslöffel) und KL (Kaffee- bzw. Teelöffel). Mit der Waage lässt sich präziser und einfacher abmessen.

Jetzt geht es los! Welches Rezept passt am besten zu meiner Kindheit? Ganz klar: Eierrösti nach Art meiner Großmutter. Optisch ist es kein besonders ansehnliches Gericht, ähnlich wie die «Brutti ma buoni»! *Hässlich, aber gut*, so heißen diese Kekse, die Constantino Veniani, ein Konditor der alten lombardischen Schule, im Jahr 1878 kreiert hat. Doch zurück zu der Eierrösti: Dafür schnitt Großmutter Zopf, der am Sonntag übriggeblieben war, in dünne Scheiben und backte diese mit flockig geschnittener Butter im Ofen bei mittlerer Hitze goldgelb. Die Scheiben immer wieder wenden! Anschließend legte sie pro Person 3 Eier, 3 große Löffel Schlagrahm, 2 nussgroße Stück Butter, etwas Salz und die gebackenen Zopfscheiben bereit.

Die Zubereitung braucht Gefühl: Schlagen Sie die Eier in einer Schüssel auf, ohne sie zu verrühren. Die Dotter sollen intakt bleiben. Eine Prise Salz dazugeben, dann den Schlagrahm. Nicht rühren. Die Butter in der Pfanne haselnussbraun erhitzen. Die Zopfscheiben dazugeben, die Eier mit dem Rahm drübergießen. Warten Sie einen Augenblick, bevor Sie mit dem Kochlöffel behutsam rühren, bis die Dotter platzen. Diese sollen sich mit dem Eiweiß und dem Rahm marmorartig vermischen, bis zu dem Punkt, an dem die Eier zu stocken beginnen. Keinesfalls trockenbraten – Eierrösti muss feucht sein, ohne dass rohes Eiweiß darin ist –, sonst nageln Ihre Gäste das Ergebnis am Ende noch an die Wand. Wie bei vielen Gerichten liegt bei Eierrösti das Perfekte unmittelbar neben dem Mittelmäßigen.

Ist es im Leben nicht ebenso?

Lehrjahre sind keine Herrenjahre

Die Schweiz ist ein kleines Land. Würde man die Alpen auswellen wie einen Kuchenteig, wäre das anders, dann würde eine riesige Fläche entstehen. Aber so ist es möglich, in weniger als vier Stunden von einer Grenze zur nächsten zu fahren, wenn man sich für den direkten Weg entscheidet und nicht herumtrödelt. Trotzdem – und das macht einen der vielen Reize meines Heimatlandes aus – sind die regionalen Unterschiede enorm. In der Schweiz spricht man vier Sprachen und unzählige Dialekte. In den verschiedenen Kantonen sind die jeweils unterschiedlichen Kulturen und Traditionen erhalten geblieben. Für einen Koch ist das Land eine Fundgrube wunderbarer Rezepte. Selbst heute bin ich immer wieder aufs Neue über die Vielfalt der eidgenössischen Küche überrascht.

Was es bei uns alles gibt! Wer hätte gedacht, dass Safran, eines der wertvollsten Gewürze der Welt, nicht nur im Iran oder in Afghanistan angebaut wird, sondern auch im Örtchen Mund im Kanton Wallis? 360.000 Blütennarben einer Krokusart benötigt man für ein einziges Kilogramm.

So ist es kein Wunder, dass ich den Eindruck hatte, in einer anderen Welt zu sein, als ich als angehender Kochlehrling die 24 Kilometer nach Bern zurückgelegt hatte. Dort erwartete mich eine Kochlehre im «Schweizerhof», der zu den besten Häusern im Land gehört. Klar war, diese Lehrjahre würden keine Herrenjahre werden. Und so kam es auch.

Bevor es losging, hatte ich nach dem Knabeninstitut ein halbes Jahr lang Auslandsluft schnuppern dürfen. Natürlich hatte mein

Vater auch dabei wieder strategisch gedacht, als er mich und meine Schwester nach Folkestone schickte: Zwar ist Französisch die kulinarische Weltsprache, doch die Business-Sprache war schon damals Englisch. Also steckte er uns auf der Insel in eine Sprachenschule – auch Marianne, obwohl sie aufgrund ihrer Kinderlähmung nicht in der «Krone» arbeiten konnte und später eine andere Laufbahn einschlug.

Für uns beide war das eine großartige Zeit: das erste Mal so richtig weit weg von zu Hause, und, noch besser, ohne die Überwachung der Eltern, des Abts oder der Priester. Bei meiner Gastfamilie herrschte eine Ungezwungenheit, die ich noch heute mit dem britischen Lebensgefühl verbinde. Ich lernte Englisch, ohne dass ich es merkte, es geschah einfach.

Von mir aus hätte dieser Aufenthalt ewig währen können, doch der «Schweizerhof» rief mich.

Gute Pädagogen wissen, warum manche Menschen motiviert sind und andere nicht. Um Motivation zu verspüren, muss man eine Sache wollen, sie können und auch dürfen. Nehmen wir einmal an, jemand würde mich dazu auffordern, die Eigernordwand zu besteigen. Meine Motivation wäre gleich null, weil ich das nicht will, nicht kann und dank gewisser Bergsteiger-Regeln vermutlich auch nicht darf. Werde ich aber gefragt, ob ich Eierrösti nach Art der Großmutter zubereiten will, schlägt mein Motivationszeiger voll aus: Das will ich gerne, kann es auch, und keiner wird es mir verbieten.

Ich erzähle das, weil ich selbst an einem Ort wie dem «Schweizerhof» wenig gelernt hätte, wäre meine Motivation nicht geweckt worden. Das war in meiner Lage keineswegs eine Selbstverständlichkeit. Schließlich war diese Lehre der Wille meines Vaters, meine Meinung hatte nicht gezählt. Da wäre es kaum verwunderlich gewesen, hätte ich mich durch die Lehrzeit geschleppt und am Ende nichts gelernt. Das Gegenteil war der Fall, und der Grund dafür lag in der Person des Küchenchefs.

Ernesto Schlegel, einer der größten Köche der Schweizer Geschichte, war schon damals eine lebende Legende am Herd, was schon an seinem beeindruckenden Auftritt zu erkennen war. Sein Markenzeichen war eine blütenweiße Kochmütze, die einen halben Meter hoch war und extra für ihn angefertigt wurde. Er war ein Mann mit harter Schale und weichem Kern. Von seinen Kochbrigaden, die zu dieser Zeit aus über 100 Köchen in mehreren Hotels bestanden, erwartete er alles. Voller Einsatz genügte ihm nicht, es musste immer noch eine Schippe draufgelegt werden. Allerdings ging er auch selbst mit gutem Beispiel voran, verlangte dasselbe von sich.

Das Talent war in der Familie Schlegel reichlich vorhanden: Ernestos Bruder Otto war ebenfalls ein sehr bekannter Küchenchef, wie auch die Geschwister Fidel und Ida sowie Ottos Sohn Othmar. Ernesto wurde zum Stammvater und Ausbilder einer Generation von Spitzenköchen, die auf der ganzen Welt Karriere machten. Unter ihnen war auch Dieter Müller, der im Schlosshotel Lerbach drei Michelin-Sterne eroberte. Ich bin stolz darauf, Ernesto Schlegel meinen Lehrvater nennen zu dürfen.

Was zeichnete ihn aus? Er sorgte dafür, dass wir unseren Job blindlings beherrschten. Keine noch so detaillierte Frage übers Kochen oder über Warenkunde brachte ihn in Verlegenheit. Dadurch schaffte er es, dass sich bei mir Können, Wollen und Dürfen fanden und meine Motivation geweckt wurde. Ernesto Schlegel wurde zu meinem Vorbild, meine Bewunderung war grenzenlos.

Es dauerte nicht lange, und ich hatte meinen Platz in der Küche gefunden.

Auch im «Schweizerhof» herrschte der mir bekannte raue Ton. Die «Arschlöcher» flogen nur so durch die Gegend. Besonders der *Souschef* tat sich dabei hervor. Ich fürchtete ihn, weil seine Schimpfkanonaden und Flüche mich an meinen Vater erinnerten. Nach einiger Zeit lernte ich ihn jedoch auch von einer anderen Seite kennen, als geselligen Menschen, der gerne lachte. Diese Seite hat mein Vater damals nie gezeigt. Es war eine ganz neue Erfahrung für mich, dass jemand poltern *und* lachen konnte.

Der *Chef Pâtissier,* ein Junggeselle in den 50ern, besaß ein großes Repertoire an anzüglichen Sprüchen, war meist unrasiert, hatte ein klappriges Gebiss, offene Sandalen und dreckige Socken. Er beherrschte sein Handwerk, war aber überhaupt nicht kreativ.

Der *Chef Rôtisseur* war ein aktiver Boxer mit sadistischen Zügen. Am liebsten boxte er mich so fest auf den Oberarm, dass dieser noch stundenlang schmerzte. Auch ließ er gerne seinen Grill glühend heiß werden und zwang dann uns Lehrlinge dazu, ihn in diesem Zustand zu putzen.

Was ein echter Macho ist, lernte ich von unserem italienischen Personalkoch. Dessen Küche befand sich im Keller. Er ließ die obersten Knöpfe seiner Kochjacke stets offen, damit seine reich behaarte Brust und die protzige goldene Halskette mit Kruzifix auch ausreichend zur Geltung kamen. Gegen ihn erschien Mozarts Don Giovanni wie ein Grünschnabel. Der Personalkoch hat in der Küche einen niedrigen Status. Oft ist er ein Hilfskoch ohne Berufsausbildung. Im Schweizerhof standen wir

Lehrlinge spätestens ab der Mitte der Lehre in der Hierarchie über ihm.

Einzig der *Chef Saucier* hatte ein ausgeglichenes Wesen. Er war für die Fleisch- und Fischgerichte samt den dazugehörigen Saucen verantwortlich. Der Saucier-Posten ist die Königsdisziplin einer Kochbrigade. Hier trennt sich die Spreu vom Weizen, der Kochhandwerker vom Kochkünstler. Der Unterschied liegt – wen wundert's – in der Motivation, aus der ein Mehr an Engagement und Flair entsteht. Neben Ernesto Schlegel beeindruckte mich der *Chef Saucier* am meisten. Mit dem Druck eines Fingers konnte er die Garstufe eines Tournedos, eines besonders edlen Stück des Rindes, ebenso unfehlbar feststellen wie die eines zehn Kilogramm schweren Kalbsstotzen.

In Betrieben wie dem «Schweizerhof» macht man grundsätzlich alles selbst. Da brachte ich von der «Krone» und von meiner Großmutter schon einiges an Erfahrung mit. Trotzdem hing mir zu Beginn der zweifelhafte Ruf eines Herrensöhnchens nach. Katholisches Knabeninstitut, Englandaufenthalt, Handelsdiplom und zu Hause ein eigenes Restaurant! So einen Typen muss man erst einmal auf Normalmaß zurechtstutzen. Dieser Aufgabe nahm sich der *Chef Gardemanger* an: Ständig hagelte es Kritik, nie gab es eine Ermutigung. Immer war ich zu langsam. «Tempo, Tempo, Tempo!», trieb er mich an.

Womit er nicht gerechnet hatte: Ich biss die Zähne zusammen und schwor mir, mich nicht unterkriegen zu lassen. Das machte Eindruck. Mit der Zeit änderte sich seine Einstellung – am Ende meines ersten Lehrjahres durfte ich ihn als einziger Lehrling duzen.

Auch wenn der «Schweizerhof» ein 5-Sterne-Hotel ist, gab es

Luxus nur für die Gäste. Wir Lehrlinge hausten in einer Bude unterm Dach, drei Mann in einer engen Kammer mit Dachschräge, die dafür sorgte, dass wir nur in einer Hälfte aufrecht stehen konnten. Zu allem Überfluss führte dort auch noch ein Schornstein durch. Immerhin hatte jeder von uns ein eigenes Bett. Die Kommode und den Tisch mussten wir uns teilen. Ich habe noch immer den Mief in der Nase, wenn wir nach Feierabend die nach Fisch, Fett und Schweiß stinkenden Schuhe und Klamotten auszogen. So gesehen konnten wir von Glück reden, dass Feierabend ohnehin als rares Gut galt. Die Arbeitszeiten waren lang, besonders an Tagen, wo wir neben der Arbeit auch noch in die Berufsschule mussten. Selten stolperten wir vor 22 Uhr in unsere gute Stube.

Im ersten halben Lehrjahr mussten wir morgens eine halbe Stunde vor den übrigen Köchen antreten. Der Grund waren die Fische. In jedem Landgasthof mit gepflegter Küche im Kanton Bern standen lebendfrische Bachforellen blau auf der Karte. Diese werden in einem würzigen Sud mit Zwiebeln, Lauch, Sellerie, Petersilienstängeln, Lorbeer, zerdrückten Pfefferkörnern, etwas Nelke, Essig und Weißwein schonend gegart und anschließend mit haselnussbrauner Butter, Zitrone und frisch gekochten Salzkartoffeln serviert. Wie ich finde, ein Hochgenuss.

Im «Schweizerhof» gab es zusätzlich alles an Fisch und Meeresfrüchten, was man sich nur vorstellen kann. Gelagert wurde es, eingepackt in ein dickes Bett aus zerstoßenem Eis, in Schubladen aus feuerverzinktem Blech. Während des ersten halben Lehrjahrs, in dem wir dem *Gardemanger* zugeordnet waren, der sich um die kalten Speisen kümmerte, mussten wir Lehrlinge in den frühen Morgenstunden das geschmolzene Wasser abschütten, neues Eis einfüllen und Seezungen, Steinbutt, Seeteufel, Wolfsbarsch,

Scampi und Krevetten darin einbetten. Besonders im Winter war das eine Arbeit, für die keine Vergnügungssteuer fällig wurde.

Danach ging es sofort weiter: Räuchern und Tranchieren von Lachs. Zubereiten von Pasteten, Terrinen und Hors d'œuvres. Ausbeinen und Schneiden von Fleisch. Im Schweizerhof hingen immer Dutzende Rindsviertel im Kühlraum, und ich kann nicht sagen, wie viele ich in meiner Lehrzeit ausgebeint habe. Danach lernte ich das pfannenfertige Vorbereiten von Entrecôtes, Schnitzeln und Steaks. Nach sechs Monaten ging es weiter auf dem Posten des *Entremetiers.* Dort werden Suppen und Beilagen gekocht. Für mich ist das Kochen von Suppen immer ein Vergnügen, dem ich besonders in meiner späten Karriere nachgehen durfte, als Therese und ich mit leistungseingeschränkten Menschen eine Produktion von Suppen, Fertiggerichten und Glaces auf die Beine stellten.

Nicht umsonst sagt der Volksmund, dass man einen guten Koch an seinen Suppen und Saucen erkennt. Zu Beginn meiner Lehrzeit lernte ich, dass das Kochen einer guten Suppe alles andere als ein Selbstläufer ist, besonders unter den kritischen Augen von Ernesto Schlegel.

Nach dem *Entremetier* ging es zur *Pâtisserie,* zu allen Arten von Teigen, Kleingebäck, Kuchen, Torten, Cremes und Glaces. In diesem Bereich gilt Rezepttreue, wovon jeder, der zu Hause einen Kuchen backen will, ein Liedchen singen kann. Für mich als innovativen Koch ist das eigentlich nichts – trotzdem verliebte ich mich bis über beide Ohren in diese Tätigkeit.

Jahre später führte mich mein Weg immer wieder nach Paris zu

Gaston Lenôtre, dem weltberühmten Konditor und Chocolatier. In seiner «École Lenôtre» lernte ich nicht nur die raffiniertesten Rezepte kennen, sondern als ein die Spontanität liebender Koch die Präzision ganz neu schätzen. «La pâtisserie m'a appris le goût de la précision, de la mesure, de la discipline. Si on fait les choses à moitié, je hurle», sagte Gaston bei jeder passenden Gelegenheit: «Die Feinbäckerei lehrte mich den Geschmack der Genauigkeit, des Maßes, der Disziplin. Führt jemand Dinge nachlässig aus, fange ich an zu schreien.» Das kann ich nur bestätigen.

Am Ende meiner Lehrzeit stand die Königsdisziplin auf dem Lehrplan: der Saucier-Posten. Dort traf ich auf Erhard Gall, *Chefsaucier* und Jurymitglied internationaler Kochkunstwettbewerbe. Er förderte mich, bis ich jede Sauce und jedes nur erdenkliche warme Gericht zubereiten konnte.

Inzwischen stand ich in der Hackordnung nicht mehr ganz unten, weil bereits neue Lehrlinge in die Küche gekommen waren. Dazu hatte ich bewiesen, dass ich Talent und Willen mitbrachte.

Eine von Ernesto Schlegels Leib- und Magenspeisen war die *Tarte des demoiselles Tatin,* ein gestürzter Apfelkuchen mit Boskop-Äpfeln. Diese werden mit Zucker, Butter und Zimt in der Bratpfanne auf dem Feuer karamellisiert, was viel Fingerspitzengefühl erfordert, um dann, mit dem Teig abgedeckt, im Ofen gebacken und anschließend gestürzt zu werden. Es dauerte nicht lange, bis ich einer der wenigen aus der Kochbrigade war, der die Tarte Tatin zubereiten durfte.

In der Gewerbeschule war ein persönliches Rezeptbuch Pflicht. Ohne Schnickschnack sollte es sein, peinlich genau und möglichst umfangreich. Einmal im Monat musste ich Ernesto Schlegel das Buch vorlegen, und er prüfte es wie ein Mathematiklehrer die Klausuraufgaben seiner Schützlinge. Davon profitiere ich noch heute: Immer wieder finde ich darin Rezepte, die aus der Masse herausragen. Als Ernesto Schlegel Mitte der 80er Jahre sein Kochbuch «Feu sacré. Ein Leben für die Kochkunst» herausbrachte, musste ich schmunzeln: Natürlich ist es voller Rezepte, die es anderswo nicht gibt, natürlich ist es ohne Schnickschnack, und natürlich ist es umfangreich, bereichert mit Anekdoten und Geschichten aus seinem Leben.

Erinnere ich mich an diese Zeit zurück, vergesse ich nicht, dass ich ständig unter Strom stand, vor allem auch, wenn in unserer Männerwelt einmal ein weibliches Wesen auftauchte. Auf dem Weg aus dem Keller kamen mir eines Tages lange, wunderschöne Beine entgegen. Zu dieser Zeit waren Hotpants in Mode, und die Trägerin setzte sich gegen die übliche Etikette für Bedienstete im «Schweizerhof» zur Wehr. Ihre Rundungen hielten, was die Beine versprachen, und mir stockte der Atem. – Mit stockendem Atem lässt sich nur leider keine Konversation führen. Zum Glück war sie nicht auf den Mund gefallen.

«Das ist ja mal ein Zufall», hörte ich. «Du? Hier?»

Ich? Hier? Was sollte denn das heißen?

Die schöne Erscheinung kicherte.

«Was für eine kleine Welt! Und? Vermisst du Bätterkinden? Ich nicht!»

Die schöne Erscheinung kam auch noch aus meinem Heimatort! Die Sterne standen gut! Die nächsten Tage kassierte ich einige Rüffel, weil ich träumend am Herd stand. Doch Träume sind

Schäume – meine Angebetete konnte es sich aussuchen, wen sie am Ende erhörte, und das war nicht der Lehrling aus der Küche. Also stürzte ich mich noch mehr in die Arbeit, zur Freude meiner Vorgesetzten.

Für uns Lehrlinge war damals der «Pauli» das Maß aller Dinge, ein Lehrbuch für Köche, das seit der Erstausgabe im Jahr 1930 durch Abertausende von Lehrlingshänden gegangen war. Autor Ernst Pauli war an der Schweizerischen Hotelfachschule Luzern Kochkursleiter gewesen und hatte sich bei diesem Buch an Escoffiers «Guide culinaire» orientiert. Anders gesagt: Was man nicht im «Pauli» fand, fand man im «Guide culinaire». Vieles davon kannte ich bereits aus der Küche meines Vaters. Zusammen mit dem reichhaltigen Angebot in den Vorratskammern des «Schweizerhof» stand meinem Lerneifer nichts im Wege: Wir hatten mehrere Sorten Austern zur Verfügung, Hummer, Seeigel, iranischen Kaviar, *Agneau de pré salé* – das sind Lämmer, die auf französischen Salzwiesen in der Bucht der Somme in der Picardie grasen –, Charolais-Rind, erstklassigen Roquefort: Ich schnupperte, ich fasste an, ich probierte und verarbeitete. Ich lernte Lachs und Forellen zu räuchern, jede Art Fisch zu filetieren, Poulets (Hähnchen) auszunehmen, Fasane zu rupfen, Fonds herzustellen.

Ich wurde so etwas wie der Vorzeige-Lehrling, und damit stieg der Druck. Sowohl mein Vater als auch Ernesto Schlegel erwarteten von mir Höchstleistungen bei der kommenden Abschlussprüfung. Die Küchenchefs der Spitzengastronomie hatten untereinander ihren ganz persönlichen Wettbewerb am Laufen – wer von uns hat den besten Lehrling ausgebildet? Mein schärfster Konkurrent kam vom Feinschmeckerrestaurant «Du Théâtre» im Hôtel de Musique. Er legte die Latte richtig hoch und erreichte in der praktischen Prüfung 5,6 von 6 Punkten. Das hatte Ernesto Schlegel dank seiner Beziehungen herausfinden können, bevor die Resultate offiziell bekannt wurden, und mir mitgeteilt.

Ich kann noch heute meine Nervosität spüren, als ich an der Reihe war. Bei Kochwettbewerben sollte es mir später ähnlich ergehen. Trotz meiner Nervosität setzte ich mich bei der praktischen und theoretischen Prüfung gegen den Konkurrenten durch und wurde Nummer 1 im Kanton.

«Jetzt muss Papa doch stolz auf mich sein!», sagte ich mir, als kurze Zeit darauf die Abschlussfeier im Großen Saal des «Casino Bern» stattfand. Vierhundert herausgeputzte Lehrlinge aller Berufsgattungen würden mit Eltern, Freundinnen und Freunden um die Wette strahlen! Doch es war Samstag, und natürlich war am Samstag Großkampftag in Häusern wie der «Krone» und im «Schweizerhof». Weder Ernesto Schlegel noch mein Vater kamen zur Feier. Ich fühlte mich von beiden verraten. Sie hatten hohe Leistungen von mir erwartet. Ich hatte sie erfüllt, nur um festzustellen, dass das Geschäft wichtiger ist.

Der Nummer 1 unter allen Kochlehrlingen im Kanton Bern verging die Laune. Für mich hatte bereits die Zeit in der Rekrutenschule begonnen, und ich kehrte niedergeschlagen in die Kaserne zurück.

Turbot rôti au fenouil

Zugegeben, die Zubereitung eines ausgezeichneten Steinbutts benötigt etwas Mühe und viel Aufmerksamkeit, doch die Sache lohnt sich! Zumal *Turbot rôti au fenouil* für mich während der Lehrzeit eine echte Erweiterung meines kulinarischen Horizonts bedeutete. Nicht nur wegen seines exquisiten Geschmacks, sondern weil wir dieses wunderbare Gericht immer nach Auge und Gefühl kochten, was mir entgegenkam. Aus diesem Grund gibt es hierzu kaum Mengenangaben in meinem Lehrling-Rezeptbuch, dafür eine genaue Kochanweisung. Im März 1968 schrieb ich:

- Ein Sautoir ausbuttern, gehackte Schalotten, in Tranchen geschnittenen rohen Fenchel und wenig Fischfond beigeben.
- Den Steinbutt (ca. 300 g pro Person) am Stück salzen, pfeffern, mit Zitronensaft beträufeln, mit der dunklen Seite nach unten in das Sautoir legen, mit sehr viel Butterflocken belegen.
- In den Ofen bei 220 °C schieben.
- Wenn die Butter geschmolzen ist, den Fisch fleißig damit begießen.
- Wenn der Fond eingekocht ist, mit Weißwein und wenig Fischfond ablöschen.
- Unter gelegentlichem Begießen während circa 30 Minuten fertig braten.
- Den Fisch aus dem Sautoir heben, mit einer Persillade aus Weißbrotkrümeln, gehackter Petersilie und in Butter angedünsteten, gehackten Schalotten bestreuen, mit geschmolzener Butter beträufeln und gratinieren.
- Dem Fond Weißwein beigeben, aufkochen, durchs Sieb passieren, ganz wenig Rahm beigeben und mit viel Butter aufmontieren.
- Mit Pernod und Zitronensaft abschmecken und zum Steinbutt servieren.

Der Steinbutt wird am Tisch vor dem Gast zerlegt und auf die Teller arrangiert. Komplimente sind garantiert!

Was nicht in meinem Rezeptbuch steht: Die *cuisine au beurre*, also die Butterküche, war zu dieser Zeit eine Qualitätsbezeichnung. Natürlich waren die Gerichte kalorienreich, dafür sehr fein. Ab und zu dürfen wir uns das auch heute gönnen, denn das delikate Butteraroma lässt sich nicht ersetzen.

Born ... to be free!

Nach der Rekrutenschule schickte mich mein Vater in die Hotelfachschule Lausanne. Ich sollte nicht nur ein Spitzenkoch sein, sondern auch ein erstklassiger Hotelier. Die *École hôtelière de Lausanne,* 1893 von Jacques Tschumi gegründet, war die Nummer 1 in der Schweiz, in Europa und vielleicht auf der ganzen Welt – und genießt diesen Ruf auch heute noch. Die EHL bietet mehr als 2000 Studienplätze. Ambitionierte junge Menschen aus über 100 Ländern werden hier aufs Allerbeste auf das Berufsleben im Hotelfach vorbereitet und erfreuen sich nach erfolgreichem Abschluss glänzender Aussichten. Welcher Campus kann sich schon damit rühmen, eigene Restaurants, Bars, Weinverkostungsräume und Gemüsegärten zu besitzen?

Ich kann bis heute nicht sagen, ob mein Vater das Risiko einkalkulierte, dass ich nach dieser umfassenden Ausbildung in die weite Welt ziehen würde, oder ob er fest darauf vertraute, dass ich an den heimischen Herd zurückkehren würde?!

In Lausanne war die Ausbildung klar strukturiert: Küche, Service, Administration hießen die Module. Als gelernter Koch wurde mir die Küche erlassen, und mein Praktikum im Service absolvierte ich in der «Krone», weil ich meine Mutter entlasten wollte. Administration bedeutete Betriebsführung, Buchhaltung und Marketing, das Anfang der 70er Jahre noch in den Kinderschuhen steckte, dessen Bedeutung mir aber schnell bewusst wurde.

An der EHL Lausanne begegnete man zu jener Zeit Handwerkern wie mir mit einer gewissen Skepsis. Gymnasiasten mit

Matura, dem Schweizer Abitur, wurden bessere Chancen eingeräumt, was mir der damalige Direktor in einem Vieraugengespräch auch bestätigte. Doch ich kannte Vaters Willen, und der war mir Befehl. Ich legte mich ins Zeug und bewies mit sehr guten Noten, dass auch Handwerker in Lausanne Erfolg haben können.

Die Chance, aus dem engen Erwartungskorsett meines Vaters auszubrechen, ergab sich durch ein Administrations-Praktikum, das ich zu absolvieren hatte. «Das mache ich so weit wie möglich weg von zu Hause!» Dieser Gedanke ging mir seit Wochen nicht mehr aus dem Kopf.

Wann immer es nötig war – und es war oft nötig –, arbeitete ich neben meiner Ausbildung in Lausanne in der «Krone» mit. Bei einer dieser Gelegenheiten kam ich mit Gästen aus den USA ins Gespräch. Wir mochten uns auf Anhieb und schrieben uns anschließend regelmäßig Briefe. Als ich darin von dem Praktikum erzählte, boten sie an, mir eine Stelle in den USA zu organisieren. Bald darauf fragten sie mich, ob ich mir vorstellen könnte, nach Lansing, Hauptstadt des US-Bundesstaates Michigan, zu kommen.

Und ob ich mir das vorstellen konnte!

Lansing ist das Tor zum Mittleren Westen, diesem riesigen, geografisch etwas undefinierten Landstrich, zu dem Bundesstaaten wie Kansas, Iowa, Missouri, Indiana und Illinois zählen. Bis ins 19. Jahrhundert stellten deutschsprachige Einwohner in vielen Regionen die Mehrheit; Städte wie St. Louis oder Omaha waren Zentren der deutschen Kultur. Dort ist alles etwas größer als in der Schweiz. Mein Praktikumsbetrieb entpuppte sich als Unternehmen mit gleich fünf Restaurants und einer zentralen Küche. Dort gingen pro Tag gut und gerne 1000 Essen über den Tresen. Trotzdem war es kein Kantinenbetrieb, sondern eine ausgezeichnete Adresse. Möglich war das durch den Patron Win Schuler, der ein echter Vollprofi war – auch wenn er seine Berufslaufbahn als Fußballtrainer begonnen hatte. Später übernahm er das Hotel und Restaurant seines Vaters und brachte den Betrieb auf Vordermann. Schon bald konnte er sich vor Auszeichnungen nicht mehr retten, darunter der begehrte *Holiday Magazine Award,* der *Gold Plate Award* von der *International Foodservice Manufacturers Association* und die Auszeichnung als eines der 50 beliebtesten Restaurants in den USA.

Als ich dort anfing, war Win Schuler bereits in die *American Restaurant Hall of Fame* aufgenommen und mit dem *Award of Appreciation* ausgezeichnet worden.

Eigentlich sollte ich in der Buchhaltung arbeiten, doch dazu kam es nicht. Kaum hatte Win herausgefunden, dass ich Koch war, steckte er mich in die Küche.

«Ein Koch aus der Schweiz?», schwärmte er. «Das ist ja ein Ding! Du machst mit mir die Tische!»

«Tische machen» war der tägliche Begrüßungsrundgang des Chefs durchs Restaurant. Von nun an war ich an seiner Seite, weil das bei den Gästen Eindruck hinterließ. Wenn wir das erste Restaurant besucht hatten, packte er mich in seinen Lincoln Continental, einen typischen amerikanischen Straßenkreuzer dieser Zeit, und wir fuhren zu den anderen Restaurants. Dort wiederholte sich das Schauspiel.

«Really? You are a Swiss Chef? How marvellous!»

Allerdings war Win auch ein harter Geschäftsmann: Kaum war

die Tour beendet, fand ich mich in der Küche wieder. Dort teilte er mich am Grill ein, auf den ich fünfzig bis hundert Steaks packte. Der Durchlauf war enorm. Einmal fehlte mir ein Filet. Im Eifer des Gefechts nahm ich ein Steak aus dem Kühlschrank und warf es zu den Pommes, weil das wesentlich schneller geht als grillen. Ausgerechnet in diesem Moment bog Win um die Ecke, um mal zu sehen, wie sich sein Swiss Chef denn so macht.

«Was zum Teufel tust du da?»

Die Frage war rhetorisch, erklären musste ich nichts. Gar nicht rhetorisch war der Anschiss, den ich dann kassierte. Egal, wie viele Essen serviert werden müssen, machte mir Win klar, jedes einzelne davon soll von höchster Qualität sein. Er hatte natürlich völlig recht. Diese Lektion habe ich nie vergessen!

Nach drei Monaten war mein Praktikum auch schon zu Ende. In Sachen Buchhaltung hatte ich mich nicht weiterentwickelt, als Koch dagegen schon. Eigentlich wurde ich jetzt dringend in der «Krone» erwartet.

Aber statt nach Bätterkinden zurückzukehren, setzte ich mich ins Auto und fuhr dreihundert Meilen nach Norden. Ich wollte die Freiheit, die ich durch die Entfernung von zu Hause gewonnen hatte, noch eine Weile auskosten.

Toronto hieß mein erstes Ziel, die größte Stadt Kanadas am Nordwestufer des Ontariosees. Hier kann es im Winter gerne mal –20°C haben – und tiefster Winter war es, als ich Ende 1971 dort eintraf.

Um möglichst schnell Geld zu verdienen, nahm ich gleich zwei Jobs im Service an: Mittags arbeitete ich als Kellner in einem Nullachtfünfzehn-Restaurant am Flughafen, abends war ich im «Rooftop»-Restaurant des «Airport Holiday Inn» zu finden. Das war anstrengend, doch ich hatte ein Ziel vor Augen: Ich wollte genug Geld verdienen, um mir – wenigstens eine Weile – ein Leben in grenzenloser Freiheit leisten zu können, ohne Arbeit, ohne Termine, ohne Pflichten, ohne von morgens bis abends Leistung bringen zu müssen. Mit anderen Worten, ich träumte von einem Leben, das im krassen Widerspruch zu dem Leben stand, das ich führte.

Um mein Ziel zu erreichen, verdoppelte ich die Arbeit, die Termine, die Pflichten und die Leistung. Anschließend wollte ich mehrere Monate durch Amerika ziehen, was ich auch tat. Blicke ich heute auf diese Zeit zurück, denke ich: Ja, so etwas macht man, wenn man jung ist.

Das «Rooftop» im «Airport Holiday Inn» hatte einen guten Ruf in Toronto. Es war ein schickes Restaurant, von den Innenarchitekten einem Cockpit nachempfunden. Decken, Wände und Spannteppiche waren schwarz. Dezente Spots illuminierten die Tische. Aus den Fenstern genossen die Gäste einen sensationellen Ausblick über Flughafen und Stadt. Bei Bodennebel, den es zu dieser Jahreszeit durch die Nähe zum See immer wieder gab, hatte man das Gefühl, über einem Meer aus weißer Watte zu schweben. Als sei das nicht genug, gab es eine Tanzfläche aus poliertem Chromnickelstahl. Jeden Abend spielte eine Band Combo Swing, Dixie und Jazz. Die Gerichte selbst waren dagegen nicht besonders kreativ. Kochtechnisch hinkte man der europäischen Küche noch ein paar Jahrzehnte hinterher. Wie in den USA waren auch hier Soßen und Suppen ein Fremdwort. Umso besser war die Qualität von Fleisch und Seafood, was die Gäste am liebsten bestellten.

Von 17 Uhr bis 2 Uhr nachts stand ich für einen Wochenlohn von 20 Dollar mit Smoking und Schlips im Service. Das Minigehalt mussten wir uns durch Trinkgelder aufbessern – die jedoch für die Gäste freiwillig waren –, was nicht die schlechteste Motivation ist, einen ausgezeichneten Service zu bieten. Wir waren in Dreier-Teams eingeteilt, und damit war jeder für die anderen mitverantwortlich. Diese Organisation gefiel mir gut, weil es die harte Arbeit leichter machte.

Tage und Wochen liefen nahtlos ineinander. Durch meine beiden Jobs hatte ich keine Freizeit und damit auch keine Gelegenheit, Geld auszugeben. Als ich endlich genügend zusammengekratzt hatte, zögerte ich keine Sekunde mehr, um aufzubrechen und meinen Traum von Freiheit zu verwirklichen.

Bald hatte ich das passende Auto für die lange Fahrt Richtung Süden gefunden: Ein Chevrolet Vega sollte mich zusammen mit einem Freund die amerikanische Ostküste hinab bis nach Florida und von dort Richtung Westen bis Los Angeles bringen. Grenzenlose Freiheit eben, auf endlosen Highways und Landstraßen, die ins Nirgendwo führten, ganz nach meinem neu gefundenen Motto: Nicht länger nach festgefahrenen Regeln leben, sondern so, wie ich es als innovativer Koch mit Rezepten hielt – in schöpferischer Interpretation und mit freier Hand.

Coleslaw

Coleslaw ist ein amerikanisches Nationalgericht. Beim Barbecue gehört der Krautsalat einfach dazu.

Für 1 kg Coleslaw benötigen Sie:

650 g	Weißkohl gehobelt (fein geschnitten)
100 g	weißer Balsamicoessig
40 g	Zucker
8 g	Salz
1 Msp.	weißer Pfeffer, gemahlen
12 g	Butter
12 g	Senf
2	Eier, verquirlt
100 g	Rahm

Kerbel und Walnusskerne zum Garnieren

- Essig, Zucker, Salz, Pfeffer, Butter und Senf aufkochen.
- Verquirlte Eier einrühren, unter stetigem Rühren nochmals aufkochen, Rahm beigeben, mit Stabmixer mixen.
- Heiß über den Weißkohl geben, gut durchmischen.
- Mindestens 2 Stunden ziehen lassen.
- Vor dem Servieren nochmals gut durchmischen, mit Kerbel und Walnusskernen bestreuen.
- Coleslaw rechtzeitig aus dem Kühlschrank nehmen und möglichst bei Zimmertemperatur genießen.

Coleslaw wird gerne mit Eisbergsalat kombiniert und zu Gegrilltem oder Hamburger gegessen.

Gottes schützende Hand

Der Mensch denkt, Gott lenkt. Dabei hatte ich zunächst gar nicht viel gedacht, sondern nur vorgehabt, langsam nach Los Angeles zu tuckern. Dort wollte ich den Chevy dann verkaufen. Wie überrascht war ich, als man mir in der Stadt der Engel klarmachte, dass ich auf keinen Fall ein in Kanada gekauftes Auto in den USA verkaufen durfte! Der anvisierte Erlös sollte jedoch einen großen Teil meines Budgets ausmachen. Daher kam nur eine Lösung in Frage: wieder zurück nach Kanada zu fahren, um dort den Chevy unter die Leute zu bringen.

Dieses Mal wählten mein Freund und ich allerdings den schnellsten Weg: einmal diagonal durch die Vereinigten Staaten, und das auch nicht tuckernd, sondern mit Bleifuß. Zurück in Toronto verkaufte ich den Wagen, um gleich darauf Bustickets der Greyhound Line zu erwerben, mit der wir wieder zurückfuhren. 2500 Meilen und einige Tage später trafen wir hundemüde und mit schmerzenden Knochen wieder in Los Angeles ein.

Nun konnte das eigentliche Abenteuer beginnen.

Christine Thürmer, die den Titel «meistgewanderte Frau der Welt» trägt und zu dem Zeitpunkt, an dem ich dieses Buch schreibe, bereits 47.000 Kilometer zu Fuß, 30.000 Kilometer mit dem Rad und 6500 Kilometer mit dem Boot zurückgelegt hat, empfiehlt fürs Unterwegssein einen Rucksack mit gerade mal 5 Kilogramm Gepäck. Daher war ich gut aufgestellt, denn genau das wog mein Rucksack, als wir in Los Angeles aufbrachen, um nach Buenos Aires zu trampen. 5 Kilogramm ist nicht viel; ein zweites

Paar Schuhe, eine Hose zum Wechseln oder gar der Luxus von Rasierzeug waren nicht drin.

Schon nach wenigen Tagen sah ich nicht mehr nach einem Koch aus einem piekfeinen Restaurant aus, sondern wie ein *Hippie on the road.* Auch anderen Ballast wollte ich unterwegs abwerfen – allein, den inneren Rucksack zu leeren, erwies sich als weitaus schwieriger. Was waren mein Freund und ich doch verrückt damals! Wir nahmen alles, wie es kam, und stellten nichts in Frage. Auf diese Weise erlebten wir Abenteuer, die wir mitunter nur knapp überlebten. In Panama City hausten wir beispielsweise in einem Viertel, das selbst die schwer bewaffneten Militärpatrouillen mieden. In Mexiko schwammen wir – großen Warnschildern zum Trotz – im Pazifik und gerieten in einen Strom aus Kieselsteinen, während uns die Wellen überrollten. Es fühlte sich an wie im Schleudergang einer Waschmaschine, die mit Steinen gefüllt ist. Zu Tode erschöpft, gelang es uns gerade noch, das rettende Ufer zu erreichen.

Schalteten wir deshalb einen Gang herunter? Keineswegs.

Kaum hatten wir Ecuador erreicht, wählten wir zur Weiterfahrt einen Zug, der so marode war, dass ihm unterwegs eine Achse wegbrach. Ein Waggon kippte aus den Schienen und wurde mitgeschleift, während der Lokführer verzweifelt versuchte, den Zug anzuhalten. Als ihm das endlich gelungen war, kletterten wir aus dem Waggon, schüttelten uns wie Hunde nach einer kalten Dusche und zogen weiter.

Machu Picchu, die geheimnisvolle Stadt der Inkas! Natürlich wollten wir die sehen. Und natürlich wollten wir dort eine Nacht verbringen. Wir hatten allerdings nicht mit den Aufsehern gerechnet, die uns unsanft aus den magischen Ruinen vertrieben. Für die

Rückkehr ins Tal war es zu spät, und so harrten wir im Dschungel aus, in 2000 Meter Höhe, ohne Essen, ohne Wasser, ohne Licht, ohne Decken. Unbekannte Tiere streiften an uns vorbei und erschreckten uns fast zu Tode. Es wurde bitterkalt, die Minuten zogen sich hin wie Stunden. «Das war die schlimmste Nacht meines Lebens», sagte ich, als wir uns beim ersten Morgenlicht an den Abstieg wagten. Das hätte ich kaum gesagt, hätte ich gewusst, was mich im Leben noch alles erwarten würde ...

Ohne Vorbehalte erkundeten wir auf unserem Weg die südamerikanischen Großstädte und übernachteten bedenkenlos in jeder Absteige, die sich uns bot. In Guayaquil, der wichtigsten Hafenstadt von Ecuador, lebten wir in einem Zimmer, das nur aus dünnen Holzwänden bestand, über die man ein Drahtgitter gespannt hatte. Darin waren Pritschen mit Strohsäcken, die ein Eigenleben führten. Als Klo diente ein Raum mit Ablauf in der Mitte, aus dem immer wieder riesige Insekten kletterten, so groß, wie ich es noch nie in meinem Leben gesehen hatte. Einmal am Tag kam der Besitzer mit einem Wasserschlauch und spritzte den Raum aus. Klar, dass wir nicht länger als unbedingt nötig blieben.

Als wir abends zum Stadtbummel aufbrechen wollten, hielt uns der Besitzer zurück. «Seid ihr lebensmüde¿», fragte er in gutturalem Spanisch und fuchtelte dabei aufgeregt mit den Armen. «Es ist völlig unmöglich, nachts rauszugehen!» Zu dieser Zeit gab es eine Militärdiktatur im Land, immer wieder putschte sich ein anderer General an die Macht, und das Hafenviertel war bekannt für die vielen Kriminellen, die sich dort herumtrieben. Lebensmüde waren wir nicht, aber ängstlich auch nicht, und so überfuhren wir bildlich gesprochen ein Rotlicht nach dem anderen und zogen einfach weiter ...

Heute bin ich mir sicher, dass Gott auf dieser Reise seine schützende Hand über uns gehalten hat. Anders ist es kaum zu erklären, dass wir immer wieder heil davonkamen – nicht einmal «Montezumas Rache» konnte uns etwas anhaben, der heftige Brechdurchfall, den viele Reisende in Mittelamerika bekommen. Und das, obwohl wir viele Mahlzeiten zu uns nahmen, die ich als Koch in die Kategorie «dubios bis gefährlich» einordnete.

Wir waren schon einige Zeit in Mexiko unterwegs, als ich dort einen Schweizer Landsmann kennenlernte. Er war erfreut, uns zu treffen, und noch erfreuter, als er erfuhr, dass ich Koch war und auch einiges an Erfahrung als Konditor mitbrachte.

«Mach mir eine Schwarzwälder Kirschtorte», bat er mich. «Oder noch besser, bring es auch meinen Leuten bei.»

Seine Leute – das waren die Angestellten seines Restaurants, das zur gehobenen Klasse zählte. Wenn auch mit Besonderheiten, die es wohl nur hier gab: So hatte er – weil seine Gäste mehr aßen, als sie vertragen konnten – als praktisch denkender Schweizer ein Kotzbecken auf der Toilette installiert, das auch benutzt wurde.

Ohne Rezept – Gaston Lenôtre, der Konditor und Chocolatier aus der «École Lenôtre», hätte wohl einiges dazu zu sagen gehabt – machte ich mich ans Werk. Die Zutaten und das Klima passten eigentlich nicht zur Torte, trotz allem kam sie bestens an bei den Gästen – hoffentlich ohne diese zu noch größerer Völlerei zu verleiten.

Je länger wir unterwegs waren, desto häufiger fragte ich mich, warum es mir nicht gelang, mich von der Last meines inneren Rucksacks zu befreien. Wie oft hatte ich vor dieser Reise von Freiheit geträumt? In der Küche der «Krone», wenn ich meinen Eltern zur Hand gehen musste. Oder im katholischen Knabeninstitut Stavia in Estavayer-le-Lac. Während meiner Lehre im Schweizerhof oder auf der Hotelfachschule. Nur während der Zeit in England hatte ich so was wie Freiheit verspürt, aber die war kein Vergleich zu der Freiheit von jetzt.

Und nun? War ich überhaupt frei? Niemand schrieb mir etwas vor, ich konnte gehen, wohin ich wollte, nach Norden, Süden, Osten oder Westen. Und falls ich nicht wollte, konnte ich auch einfach verweilen. Wie in Mexico-City, wo ich einen Monat lang Spanischunterricht nahm, oder in Costa Rica, wo wir mehrere Wochen lang auf einer Farm lebten.

Zum ersten Mal in meinem Leben dachte ich über Ziele nach – eigene Ziele, nicht welche, die mir mein Vater aufdrückte. Vom Reiseschriftsteller Bruce Chatwin gibt es ein Buch mit dem Titel «Was mache ich hier?», der ganz wunderbar zu meiner damaligen Verfassung passte. Immer häufiger stellte ich mir diese Frage: «Res, was machst du hier? Ist das dein Platz? Ist das deine Bestimmung? Ist das dein Ziel?» Ich hatte keine Ahnung, was ich mit meinem Leben anfangen wollte. Da war nur dieses diffuse Gefühl, dass das Leben, welches ich bislang geführt hatte, mir keine Befriedigung verschaffte.

Was waren meine Tage immer durchgetaktet gewesen, allein die Zeit in Toronto mit gleich zwei anstrengenden Jobs! Und auch vorher schon, zu Hause in der «Krone» und während der Ausbildung. Immer hatte ich mir gewünscht, später endlich frei sein zu können, das zu tun, was ich will. Nun lebte ich in den Tag hinein und merkte: Das ist es auch nicht.

Ich spürte Zweifel, spürte Frustration. Ich hatte auf Erfüllung und inneren Frieden gehofft, doch davon war ich weiter entfernt denn je.

1971 war es durchaus noch üblich, dass man ein Schiff bestieg, um von einem Kontinent zum anderen zu gelangen. Genau das taten wir, als wir in Buenos Aires, dem Ziel unserer Tour, ankamen. Nun ging es zurück nach Hause. Auf dieser Reise über die Ozeane hatte ich genügend Zeit, das Geschehene Revue passieren zu lassen. Ja, es hatte sich gelohnt, aber anders als erwartet. Hatte ich gehofft, ganz und gar im Gefühl der grenzenlosen Freiheit aufzugehen, wusste ich jetzt, dass für mich der Begriff «Freiheit» nicht bedeutete, einfach zu tun, was ich wollte, sondern etwas zu machen, das mir Sinn gab. Allerdings wusste ich noch immer nicht, was das sein könnte. Dass es eine wichtige Rolle dabei spielen würde, eine Aufgabe zu finden, die das Leben meiner Mitmenschen positiv beeinflusst – von dieser Erkenntnis war ich noch weit entfernt.

Ich befand ich mich in einem eigenartigen Seelenzustand, als ich in Genua von Bord ging. Nur der Alpenkamm trennte mich noch von zu Hause. Was mich dort erwartete, war klar: die Tretmühle, für die mich mein Vater auserkoren hatte.

Und doch machte ich mich auf den Weg zurück: Meiner Mutter ging es gar nicht gut, sie war am Ende ihrer Kräfte. Ihr gegenüber verspürte ich Mitleid, meinem Vater gegenüber Verpflichtung. Aus diesem Cocktail der Gefühle wuchs die Erkenntnis, dass ich über kurz oder lang doch nicht umhinkommen würde, in der «Krone» zu arbeiten. Also machte ich mich auf den Heimweg.

Barbecue Sauce

Für mich braucht es zu einem erstklassigen Steak vom Grill weder Marinade noch Sauce, sondern nur Salz und Pfeffer aus der Mühle. So kommt das delikate Fleischaroma am besten zur Geltung.

Aber wenn schon, dann ist diese Sauce ein würdiger Begleiter zu Gegrilltem.

Sie schmeckt auch zu gegrillten Maiskolben.

Für ca. 1 l Sauce benötigen Sie:

300 g Peretti-Tomaten (auch *San Marzano* genannt), in kleine Würfel geschnitten

Chilischote scharf oder mild, nach Belieben

200 g starker Kaffee (Espresso)

40 g Worcestershire-Sauce

40 g süße Sojasauce

30 g Zitronensaft

120 g Zucker

6 g Salz

300 g braune Grundsauce (Demi glace)

100 g Butter, in kleine Würfel geschnitten

- Alle Zutaten außer der Butter aufkochen, dann auf kleinem Feuer unter gelegentlichem Rühren um ca. ein Drittel einkochen lassen.
- Vom Feuer nehmen, mixen und Butter einrühren.
- Kalt servieren.

In Gläser abgefüllt, ist die Sauce im Kühlschrank ca. 4 Wochen haltbar.

Küchenmusik

Bevor ich endgültig wieder in den heimatlichen Betrieb ging, sollte ich noch etwas mehr über Zahlen lernen, was mich in die Buchhaltung von Mövenpick brachte. Das Unternehmen gehörte damals noch Ueli Prager, der 1948 das erste Mövenpick-Restaurant in Zürich eröffnet hatte. Nach diesem Praktikum zog ich weiter nach St. Moritz, einem der berühmtesten Kurorte und Wintersportplätze der Welt. Ich wollte noch nicht so schnell wieder zurück, die Heimat würde auch in einigen Wochen noch da sein.

In St. Moritz arbeitete ich als *Chef Tournant* im «Badrutt's Palace Hotel». Dieses Hotel gehört nicht umsonst zu den besten auf unserem Planeten. Allein der fantastische Blick auf den See und das Skigebiet Corviglia ist ein Besuch wert. Natürlich auch die sieben Restaurants; drei davon in der Chesa Veglia, dem ältesten Gebäude von St. Moritz, erbaut 1658. Das Hotel selbst hat noch nicht ganz so viele Jahre auf dem Buckel, es wurde 1896 von Caspar Badrutt gegründet. Seither geben sich die Reichen und Prominenten die Klinke in die Hand.

Wo diese Menschen auftauchen, ist auch meist Kaviar im Spiel. Ich bin mir gar nicht sicher, ob der Rogen vom Stör tatsächlich allen Gästen mundet. Doch in einem Luxushotel wie dem Badrutt's gehört er einfach auf die Speisekarte. Damals wurde er als erster Gang des Silvester-Galamenüs serviert. Als *Chef Tournant* gehörte es zu meiner Aufgabe, ihn anzurichten. Natürlich hatte ich im «Schweizerhof» den Umgang mit der Delikatesse gelernt. Dort gab es allenfalls eine Dose, die gehütet wurde wie das Gold von Fort Knox. Als ich an Silvester den Kühlraum im Badrutt's betrat, gingen mir die Augen über: Ich zählte gut zwei Dutzend Dosen mit feinstem iranischen Beluga Malossol. Das ergab gut und gerne tausend Portionen zu 40 Gramm! Geeicht von meinem Praktikum in der Mövenpick-Buchhaltung, begann eine innere Registrierkasse zu rattern: Vor mir lag ein Vermögen von rund 200.000 Franken, auf das ich ungehindert Zugriff hatte.

Damals stammte der Kaviar noch aus Wildfang, was heute weltweit verboten ist. Auch ist der Preis inzwischen stark gefallen, seit in China, Italien, Deutschland und auch in der Schweiz Störe gezüchtet werden. Für ein Kilogramm iranischen Malossol muss man noch rund 3500 Schweizer Franken berappen. «Gris, gros et brillant» muss die Körnung von Kaviar sein, also grau, groß und glänzend. *Malossol* wiederum bedeutet «mild gesalzen».

Ich nahm das breite Gummiband einer der hellblauen Dosen ab und öffnete sie behutsam. Sofort verbreiteten gut eineinhalb Kilogramm Störlaich ein dezentes Fischaroma. Niemand würde merken, wenn ich einen Löffel davon probierte. Doch das verboten mir mein Gewissen und die Etikette als Koch. Es blieben jedoch immer einzelne Körner in einer geleerten Dose übrig, die ich mir zwecks Weiterbildung zu Gemüte führte. Nach und nach kam ich auf den Geschmack. Die Franzosen sagen nicht umsonst: *L'appétit vient en mangeant,* der Appetit kommt beim Essen. Allerdings müssen im Fall von Kaviar Budget und Appetit zusammenpassen, was bei mir nie der Fall war, so dass meine Geschmacksrezeptoren für diese Delikatesse bald auch wieder verkümmerten.

Als *Chef Tournant* hatte ich den Springerposten inne und wurde überall dort eingesetzt, wo Not am Mann war. Hin und wieder kochte ich auch für die über 450 Mitarbeiter und manchmal für die *Couriers.* Das sind die Angestellten der Gäste, was eine der Eigenarten eines Luxushotels vom Rang des Badrutt's ist: Viele Gäste bringen ihre Chauffeure, Bodyguards, Piloten, Kindermädchen oder das Pflegepersonal mit. Diese nehmen ihre Mahlzeiten separat von ihren Arbeitgebern in einem eigenen Speisesaal ein, und zwar wesentlich gehobener als die Angestellten des Hauses.

Die Rangordnung in einem Hotel ist immer klar strukturiert, auch in der mächtigen Küche mit ihrem riesigen Kochherd aus Gusseisen und Stahl, dem feurigen Holzkohlengrill und dem mit weißen Tüchern belegten Wärmetisch, an dem die Kellner die Speisen abholen. Dort stand der Chef und leitete die Küchenbrigade wie ein Dirigent sein Orchester. Zu dieser Zeit war das Guido Jäger, ein schmächtiger Mann, dessen blitzende Augen seinen Schalk und seine Energie verrieten. Hinter vorgehaltener Hand waberte das Gerücht durch die Küche, dass der Chef «rechtsherzig» sei, also das Herz nicht auf der linken Seite, sondern auf der rechten Seite habe. Ich traute mich nie, ihn danach zu fragen, doch es spielte auch keine Rolle. Ganz sicher hatte er es nämlich am rechten Fleck, denn er war immer wohlwollend und liebenswürdig. Natürlich konnte er auch streng sein und laut werden, anders ließ sich die Kochbrigade eben nicht führen.

«Zwei Hors d'œuvres, eine Melone mit Parmaschinken, ein Club Sandwich, zwei Beefsteaks Tatar!», rief er ins Mikrofon der Gegensprechanlage für die kalte Küche. Diese befand sich in einem separaten Raum hinter der warmen Küche.

«Ja, Chef!», hörte man augenblicklich meine Stimme. Gerade musste ich dort in meiner Rolle als Springer aushelfen. Für die Befehle in die warme Küche brauchte Guido Jäger kein Mikrofon, denn diese lag offen vor ihm. Eine laute Stimme konnte trotzdem nicht schaden.

«Viermal Lammkarree provenzalischer Art, drei Menüs Eins, zwei Menüs Zwei, einmal Hummer Thermidor!», bellte er. Fast synchron antworteten der *Rôtisseur,* der für das Lammkarree verantwortlich war, der *Saucier* und der *Entremetier* für die beiden Menüs und der *Poissonier* für den Hummer mit «Ja, Chef!».

Waren die Gerichte fertig und standen auf dem Wärmetisch für die Kellner bereit, prüfte Guido Jäger zuerst, ob alles dem «Palace-Standard» entsprach: Er kostete stichprobenweise, nahm Saucen und Beilagen unter die Lupe und ordnete alles tischweise an. Erst dann durften die Kellner die Tabletts beladen und in den Speisesaal tragen. Die Befehle und die Antworten, das restliche Stimmengewirr, das Geklapper von Geschirr, scheppernde Pfannen und Töpfe, zischendes Öl, das Summen einer Vielzahl elektrischer Geräte und das Rumpeln der alten Ventilatoren ergaben zusammen eine einzigartige Geräuschkulisse, die für mich wahre Küchenmusik ist. Paukenschläge kamen hinzu, wenn einer von uns einen Anschiss kassierte.

Jedem war klar, dass er für Menschen schuftete, die weitaus mehr Geld hatten, als wir uns erträumen konnten. Trotzdem kam nie Neid auf. Lag es daran, dass für uns die extravagante Welt unserer Gäste einfach schon *zu* abgehoben war? Die Geschichten über sie flatterten ständig durch die Küche: Da war die Gruppe Frauen und Männer, die am Abend zuvor aus Jux das Saxophon eines Barmusikers mit Hunderternoten vollgestopft hatte, nur weil sie mal hören wollte, wie das dann klingt.

Oder der italienische Geschäftsmann, dessen Privatjet auf dem Flugplatz Samedan stand und der seine Piloten nach Neapel schickte, da es seiner Ansicht nach nur dort die vollaromatischen Tomaten für seinen «Sugo di pomodoro» gab, den wir ihm zubereiten mussten.

Auch der biedere italienische Bankier war Thema in der Küche: Er hatte ein Bankett bestellt, das so viel kostete wie ein Einfamilienhaus.

Und, natürlich nicht zu vergessen, die schottische Bob-Mannschaft! Bis zu diesem Zeitpunkt hatte ich nicht einmal gewusst, dass Schottland so etwas besaß. Die Jungs protzten zwar nicht mit Geld, kauerten sich dafür aber im Suff in der zum Palace gehörenden «Chesa Veglia» mit nacktem Hintern anstelle der Kegel auf die Kegelbahn.

Einer der politisch umstrittensten Prominenten dieser Zeit war der iranische Schah. Bis zu seinem Sturz durch die Islamische Revolution unter Ruhollah Chomeini war Mohammad Reza Pahlavi, zusammen mit seiner Frau Farah Diba, häufig Gast in St. Moritz. Das Paar besaß dort eine Villa der Superlative, doch zum Essen kamen sie häufig ins Badrutt's. Der Machthaber hatte 1971 in der altpersischen Residenzstadt Persepolis die 2500-Jahr-Feier der iranischen Monarchie mit Prunk und Pomp inszenieren lassen. Eine riesige Zeltstadt war dort erbaut und von französischen Spezialisten für Innendekoration eingerichtet worden. Übrigens dieselben Leute, die damals auch das Oval Office des US-Präsidenten neu einrichteten. Um die Infrastruktur für die Feierlichkeiten herzurichten, baute man eine 80 Kilometer lange Autobahn und dazu einen Flugplatz. Außerdem wurde ein Wald mitten in die Wüste gepflanzt und mit fünfzigtausend Singvögeln aus Europa bevölkert – die wegen des heißen Klimas allerdings nicht lange überlebten, wie man mir erzählte.

Die Organisatoren ließen 40 Köche und 120 Kellner aus dem «Maxim's» in Paris und dem «Badrutt's Palace» in St. Moritz einfliegen, die uns nach ihrer Rückkehr mit Geschichten aus 1001 Nacht unterhielten. Besonders gefiel mir die Beschreibung des Tischtuches für die siebzig Meter lange Tafel: 125 Frauen hatten ein halbes Jahr lang daran gearbeitet.

Als Hommage an den berühmten Gast führte unser Hotelrestaurant damals «Poulet Persepolis» auf der Karte – ein Gericht, das den Pomp auch bei uns im Hotel fortsetzte. Dafür wurden Scheiben von schwarzem Trüffel unter die Brusthaut einer Poularde geschoben und die Brust nach dem Braten mit echtem Blattgold überzogen.

Eines Tages, als der Schah mal wieder mit ein paar Gästen bei uns auftauchte, sollte es nicht Poulet sein, sondern ein Filet Wellington. Guido Jäger schickte mich in den Salon, um das Filet vor den Augen Seiner Majestät zu tranchieren.

«Kein Grund zur Aufregung», gab er mir mit auf den Weg. «Der Schah ist ein Gast wie jeder andere.»

Was schrieb George Orwell in «Die Farm der Tiere»? Alle Tiere sind gleich. Aber manche sind gleicher als die anderen. Als Guido Jäger sah, dass meine Nervosität trotz seines Ratschlags stieg, fügte er augenzwinkernd hinzu: «Stellen Sie sich einfach vor, wie er auf dem Klo hockt.»

Ich zog frische Kleidung an, band mir eine saubere Schürze um und legte mir ein *Torchon* über den Arm. Das ist ein Küchentuch, auch Anfasstuch genannt. Ein Blick in den Spiegel bestätigte: Meine Kochmütze saß perfekt leicht schräg und einen Finger breit über der Nasenwurzel. Ich lud das Filet Wellington auf ein großes Schneidebrett und bewaffnete mich mit dem schärfsten Tranchiermesser, das ich auftreiben konnte. So machte ich mich auf den Weg. Ich erwartete, von Bodyguards kontrolliert zu werden, schließlich waren auf den Schah Attentate verübt worden. Doch weit und breit sah ich keinen muskelbepackten Leibwächter mit verspiegelter Sonnenbrille. Nicht mal ein königlicher Vorkoster war da! Ich war fast ein bisschen enttäuscht, als ich mich ans Werk machte.

Die erste fingerdicke Tranche beim Filet Wellington ist selten optimal, da sie meist übergar ist. Kein Problem, sie geht zurück in die Küche. Allerdings waren die zweite, dritte und alle, die kommen sollten, genauso wenig perfekt. Die Duxelles – eine feine Farce aus zerhackten Pilzen, die beim Filet Wellington zwischen das Fleisch und den Teig an der Außenseite gefüllt wird – zerfiel, und der Blätterteig war unten vom Saft schon ganz aufgeweicht. Zurückgehen lassen konnte ich sie nicht mehr, also schnitt ich Tranche um Tranche und setzte sie auf den Tellern so gut es ging wieder zusammen. Allerdings nicht, ohne mir Sorgen zu machen. Was, wenn mich der Schah darauf ansprach? Wenn er mich fragte, was um alles in der Welt mit dem Wellington los war? Was sollte ich dann antworten? «Herr Schah, ich kann nichts dafür! Das Wellington wird vom *Saucier* vorbereitet, und der *Pâtissier* packt es in den Teig.»

Ich hatte das Gefühl, dass er und seine Gäste mich längst fassungslos anstarrten. Was sie allerdings gar nicht taten. Man unterhielt sich, ohne mir Beachtung zu schenken.

Was war ich froh, als ich wieder in der Küche war! Die Sache ließ mir jedoch keine Ruhe. Ich begann zu tüfteln, was zu tun sei, damit eine Duxelles nicht zerfällt. Die Lösung ist die Beigabe von rohem, fein gehacktem Pouletfleisch. Das bindet, ohne den Geschmack zu verfälschen. Zudem wickele ich das in Duxelles eingebettete Filet in ein Schweinenetz, bevor es in den Teigmantel kommt. Dadurch wird der Teig vor Feuchtigkeit geschützt. Den Teigmantel selbst fertige ich zweischichtig an: Innen benutze ich Kuchenteig, außen Blätterteig. Auf diese Weise wird er robuster.

Von all dem konnte der Schah nicht mehr profitieren. Bis meine Experimente den gewünschten Erfolg zeigten, war die iranische Monarchie nur noch ein Kapitel in den Geschichtsbüchern.

Zwischen Marguns, Corviglia, Salastrains, Signal, Munt da San Murezzan und dem Piz Nair auf 3057 Metern Höhe gibt es Pistenkilometer ohne Ende. Kein Wunder, dass hier schon zweimal die Olympischen Winterspiele ausgetragen wurden. Dazu lockt das berühmte «Champagnerklima», wie man die besonders perlende Bergluft des Winterkurorts nennt. Aus Angst vor Unfällen und Ausfällen durften wir während der Festtage eigentlich nicht auf die Ski steigen. Weil aber der Chef selbst ein leidenschaftlicher Skifahrer war und auch mal fünf gerade sein ließ, genoss ich die Pistenwelt rund ums «Badrutt's Palace Hotel» schon vor Silvester. Daher fühlte ich mich in Hochform, als die Gewerkschaft für das Gastgewerbe, Union Helvetia, zum Skirennen für Hotelangestellte rief. Undenkbar heute, doch damals lagen lange Abfahrtski im Trend. Meine brachten es auf 215 Zentimeter. In ihrem knallorange-blauen Design waren sie eindeutig die tollsten Skier weit und breit.

Ich nahm nicht nur aus Freude am Skifahren an dem Rennen teil. Immer wieder hatte ich ein Auge auf das ein oder andere Mädchen geworfen, war aber nie über die soziale Stellung des «guten Freundes» hinausgekommen. Das Skirennen war meine Chance! Wenn ich ein gutes Rennen fuhr, dann würde sicher auch die Sache mit den Mädchen klappen. An Selbstüberschätzung und Adrenalin mangelte es mir nicht.

Leider wurde es aber nichts damit! An einem der Tore wurde mir ein Kantenfehler zum Verhängnis. Mir riss es beide Bindungen mitsamt der Verschraubung aus den Skiern, und eine Sehne im rechten Knie gleich mit. Eigentlich war ich damit ein Fall fürs Hospital, doch das kam nicht in Frage. Für den Rest der Saison humpelte ich mit Gipsbein und an Krücken durch die Küche. Damals lernte ich, dass es in meiner Branche keine Ausreden gibt.

Duxelles für Filet Wellington

Nachdem das Filet für so viel Aufregung gesorgt hat: hier das Rezept, bei dem Ihnen die Duxelles nicht zerfällt. Davon hat zwar der Schah nichts mehr, Sie aber schon.

Für 1 kg benötigen Sie:

50 g Schalotten, gehackt
50 g Butter
500 g Champignons, gekocht, gehackt
500 g Pouletfleisch, gehackt (2 mm)
Salz, Pfeffer aus der Mühle

- Schalotten in der Butter andünsten.
- Champignons beigeben, auf schwacher Flamme köcheln, bis alle Flüssigkeit eingekocht ist.
- Auskühlen lassen.
- Pouletfleisch einmischen, mit Salz und Pfeffer aus der Mühle würzen.

Anmerkung:

- Es können natürlich auch andere Pilze verwendet werden.
- Duxelles eignet sich auch bestens zum Füllen von Gemüse, z. B. Zucchetti (Zucchini) oder Paprika. Diese im auf 200 °C vorgeheizten Ofen ca. 15 Minuten backen.

Ganz unten

Mir gefiel es in St. Moritz, doch die «Krone» verlangte immer lauter nach mir. Auch wenn das Geschäft bestens lief, war die Situation nicht gerade leicht: Meine Mutter war am Ende ihrer Kräfte, meine Eltern brauchten dringend Unterstützung. Also kehrte ich, von Pflichtgefühl getrieben, nach Bätterkinden zurück.

Ich war die fünfte Generation Hubler in der «Krone» und konnte die Last dieser Tradition vom ersten Tag an spüren. Hinzu kam, dass sich der raue Tonfall meines Vaters um keinen Deut geändert hatte. Nur dass meine Mutter dem nicht mehr die Kraft und den Elan von früher entgegenstellen konnte.

Eigentlich brachte ich alles mit: Was meine Karriere in der Gastronomie anging, hatte ich bis dahin die Erwartungen meines Vaters erfüllt und meine eigenen weit übertroffen. Ich hatte für gekrönte Häupter, viel Prominenz und echte Feinschmecker gekocht, war aber auch in der Lage, große Gesellschaften zufriedenzustellen. Nicht jedem Koch gelingt dieser Spagat. Nun kehrte ich also zurück, als Stammhalter und «künftiger Kronenwirt», wie mich mein Vater immer den Gästen vorgestellt hatte. Diese Bürde des «künftigen» Kronenwirts sollte ich noch eine Weile tragen, denn noch schwang er selbst das Zepter in der Küche. Mich danebenzustellen stand nicht zur Debatte. Ohne dass wir darüber sprachen, war klar: Ich würde im Service arbeiten.

Lese ich heute Artikel über Firmenübergaben, die innerhalb einer Familie schiefgehen, weiß ich genau, von was gesprochen wird. Die junge Generation sieht die Notwendigkeiten zur Veränderung, die ältere kann nicht loslassen. Der Konflikt ist vorprogrammiert. Bei uns war es nicht anders. Am Ende schafften wir aber doch noch einen für alle Seiten zufriedenstellenden Übergang.

Zu dieser Zeit sprang in Bern mein großes Vorbild Ernesto Schlegel ebenfalls ins kalte Wasser: Jahrelang hatte er die Küchen der «Gauer-Hotels» mit dem Mutterhaus «Schweizerhof» geführt, nun war er bereit, sich seinen Lebenstraum zu erfüllen: das eigene Restaurant «Du Théatre» im Zentrum der Hauptstadt. Auf einmal musste sich dieser Meister der Kochkunst mit Bürokratie, seitenlangen Verträgen und unleserlichem Kleingedruckten herumschlagen.

Die Aufgabenliste war ellenlang: Mitarbeiter einstellen, Arbeitsverträge und Versicherungen abschließen, und sind eigentlich schon die Speisekarten gedruckt? Um die administrativen Klippen zu umschiffen, brauchte Ernesto Schlegel Unterstützung. Mit dem Diplom der Hotelfachschule Lausanne in der Tasche war ich der Richtige für den Job. Nur dass es kein Job war, den man nebenher erledigte. Wie es meine Art ist, stürzte ich mich in die Arbeit, ohne dass ich zu Hause in der «Krone» meine Aufgaben vernachlässigte. Dort war vor allem die freudlose Atmosphäre schuld, dass ich mir immer häufiger die Frage stellte: «Warum machst du das?» Irgendwann stellte ich mir nicht einmal mehr die Frage. Dafür begann ich mich zu verabscheuen, weil ich nicht den Mut hatte, mich gegen Tradition und Vater aufzulehnen und einen eigenen Weg zu gehen. Aber welcher sollte das auch sein? Ich hatte keine Ahnung. Wenn man das Ziel nicht benennen kann, wie soll man den Weg dorthin finden?

Es war weit mehr als eine Sinnkrise, in die ich hineinschlitterte. Es war eine ausgewachsene Depression. Man sagt, nur wer Depressionen aus eigener Erfahrung kennt, kann darüber sprechen. Es ist wie eine schwarze Wolke, die dem Dasein jede Freude, jede Farbe und jedes Licht entzieht. Wer davon gepackt wird, für den besteht der Alltag nur noch aus Unmöglichkeiten. Selbst einfachste Dinge sind irgendwann nicht mehr zu bewältigen. Bei mir kamen Panikattacken dazu. Eine mehrwöchige Auszeit in den Bergen bei Freunden in Flims brachte nur eine vorübergehende Erholung. Ohne psychiatrische Betreuung und medikamentöse Behandlung ging es für mich nicht weiter.

Zu dieser Zeit war meine Mutter 53 Jahre alt. Dreißig davon hatte sie von früh am Morgen bis spät in die Nacht in der «Krone» verbracht. Nun stand die Sommersaison vor der Tür, und mit ihr Hochbetrieb rund um die Uhr. Dazu kamen die Caterings im nahe gelegenen Wasserschloss Landshut. In diesem herrlichen Schloss, urkundlich das erste Mal im Jahr 1253 erwähnt, ließen sich romantische Feste und große Bankette feiern.

Unsere Caterings dazu waren sehr beliebt, bedeuteten allerdings auch viel Arbeit. Alles musste vor Ort gebracht werden. Unter gastronomisch schwierigen Umständen galt es, dieselbe Qualität zu liefern wie im Restaurant. Am Ende der Feier, die sich meist bis tief in die Nacht zog, musste alles wieder eingepackt und das Schloss besenrein verlassen werden. Oft in den Nächten von Samstag auf Sonntag, war meine Mutter im Schloss eine wunderbare Gastgeberin. Danach mussten ihr drei, vier Stunden Schlaf genügen, da am Sonntag die «Krone» rappelvoll war.

Kein Wunder, dass sie längst auf dem Notstromaggregat lief. Damals gab's das Schlagwort Burn-out schon, geprägt im Jahr 1974 vom amerikanischen Psychoanalytiker Herbert J. Freudenberger. Bei uns in Bätterkinden war es aber noch nicht angekommen. «Erschöpft, schlaff und ausgelaugt» waren die Symptome, die den Zustand meiner Mutter beschrieben. Sie stand kurz vor einem Nervenzusammenbruch.

Damals fuhr meine Mutter mit einer befreundeten Wirtin nach Zürich zu einer Ausstellung von Hauswirtschaftsgeräten. Ich denke, Gott hat seine Hand im Spiel gehabt an diesem Tag. Die befreundete Wirtin war mit einem aus dem Emmental stammenden Ehepaar Zbinden bekannt, das eine sehr hübsche und sehr kluge Tochter hatte. Diese hatte die Hotelfachschule in Lausanne besucht und dort – anders als ich – Geschichte geschrieben: Sie wurde jeweils Klassenbeste in Küche, Service und Administration. Das muss man erst einmal schaffen! Im Anschluss daran hatte sie ein Jahr in Irland gearbeitet. Nun war sie so gut wie auf dem Weg nach Südafrika.

«Sie will dort mit ihrem irischen Freund jobben und wartet auf das Visum», erzählte die Bekannte.

«Wartet auf das Visum?» Ich kann mir vorstellen, wie sich der Satz in den Kopf meiner Mutter einnistete. Ein offenbar blitzgescheites Mädchen wusste gerade nicht, was es tun sollte, weil die Mühlen im Konsulat langsam mahlten? Da konnte man doch Abhilfe schaffen, und Mutter hätte erst einmal etwas Unterstützung!

«Wie heißt sie denn?», wollte meine Mutter wissen.

«Therese», war die Antwort.

Ein paar Tage später stellte mir meine Mutter zwischen der Pendeltüre zur Küche und dem Büfett eine junge Frau vor.

«Das ist das Fräulein Zbinden», sagte sie. «Sie wird eine Zeitlang bei uns als Betriebsassistentin arbeiten. Das ist mein Sohn Res.»

Ich murmelte einen Gruß, nahm ein blaues Röckchen aus Jeansstoff wahr und widmete mich wieder meiner Arbeit.

Wie das Fräulein Zbinden mich an diesem Tag erlebte, hat sie mir taktvoll verschwiegen. Natürlich ahnte sie nicht, dass ich in einer tiefen Krise steckte. Noch hielten mich Pflichtgefühl und das Mitleid mit meiner Mutter bei der Stange. Durch die freudlose Plackerei war meine Lebensfreude endgültig geschmolzen wie Schnee in der Sonne. So war uns beiden erst einmal nicht bewusst, wie sehr dieser 21. April 1976 zum Wendepunkt unseres Lebens werden sollte.

Beef Tea

Meine Großeltern väterlicherseits wohnten in einer bescheidenen Zweizimmerwohnung im Nachbarhaus.

Als Kind verbrachte ich unzählige Stunden bei Großmutter. Sie war eine sanftmütige Frau. Ich liebte sie über alles.

Ich erinnere mich, wie sie einmal im Winter schwer krank war. Eine hartnäckige Grippe hatte sie schrecklich geschwächt. Vater war sehr besorgt. Ob auf Grund der Empfehlung vom Hausarzt Dr. Kammer oder auf Mutters Ratschlag hin, weiß ich nicht mehr, jedenfalls kochte Vater für Großmutter ein paar Tage hintereinander Beef Tea als kräftespendendes Elixier.

- Vater schnitt etwa 700 g mageres Kuhfleisch (z. B. Schenkel) in kleine Würfel. Zusammen mit einem halben Liter kaltem Wasser und einem halben Lorbeerblatt gab er es in einen ofenfesten Topf mit gut schließendem Deckel.
- Diesen stellte er in ein vorgeheiztes Wasserbad und schob es in den auf ca. 170 °C vorgeheizten Ofen. Bei Bedarf goss er beim Wasserbad etwas Wasser nach, damit der Topf nicht im Trockenen stand. Nach ungefähr vier Stunden hob er den Topf aus dem Bad, siebte die Brühe sehr vorsichtig durch ein Tuch ab und würzte sie mit wenig Salz.
- Danach erhitzte er den Beef Tea nochmals, ohne ihn jedoch aufkochen zu lassen, und servierte ihn seiner Mutter in einer großen Tasse.
- Das Fleisch konnte man anschließend nicht mehr verwenden, aber einer Katze oder einem Hund schmeckte es trotzdem noch.

Nicht fordernd, sondern suchend

Die Reise durch Südamerika hatte nicht gehalten, was ich mir von ihr versprochen hatte. Mein Ziel war Freiheit – nicht nur äußerlich, sondern auch innerlich. Immer hatte ich von jemand anderem gesagt bekommen, wo es langgeht. Auf der Reise wollte ich endlich selbst bestimmen. Und das war ja auch geschehen: Wo es langging, hatte ich zusammen mit meinem Freund bestimmt.

Allein der erhoffte Effekt, auch innerliche Freiheit zu erlangen, wollte sich nicht einstellen. Ich war mir sicher gewesen, wenn ich in absoluter Freiheit lebte, würde ich für mein Leben einen Sinn erkennen.

Ich war damals keineswegs der Einzige, der auf diese Art und Weise auf der Suche war. In anderen Teilen der Welt entstand der *Hippie Trail,* auf dem Zehntausende junge Rucksackreisende von Europa aus entlang der alten Seidenstraße über Istanbul, Teheran, Kabul, Peschawar ins indische Goa oder nepalesische Kathmandu reisten. Erst 1979 wurde diese Überlandroute unpassierbar, als die Sowjetunion Afghanistan besetzte und der Schah in der Islamischen Revolution gestürzt wurde.

Ich war enttäuscht darüber, dass sich meine Hoffnung nicht erfüllt hatte, mehr über den Sinn meines Lebens zu erfahren. Nun steckte ich wieder im Hamsterrad der Gastronomie, so dass ich gar nicht mitbekam, dass es vielen dieser jungen Menschen, die sich ebenfalls aufgemacht hatten, ähnlich erging. Es kursierten Hunderte, ja Tausende Geschichten, wie weder am Strand von Goa noch im Himalaja oder einem anderen Ziel des *Hippie Trails* Menschen Erfüllung gefunden hatten. Vielleicht hätte es mich getröstet, dass ich nicht der Einzige war, der nach langer Reise ernüchtert nach Hause zurückkehrte. Doch ich stand bereits hinterm Tresen der «Krone», kümmerte mich um den guten Service für die Gäste und bekam nicht mehr viel von der Welt da draußen mit.

Gut möglich, dass diese Phase damals wichtig war, dass sie dazugehörte und mir half, am Ende doch noch meinen eigenen Weg zu finden. Selbst die dunklen Zeiten der Depression und der Panikattacken können ja zu Wegmarkierungen werden, die im Rückblick auch hilfreich sind. Nach dem Motto: Manchmal muss man erst alles verlieren, bevor man gewinnen kann.

So gesehen war ich auf einem guten Weg: Ich hatte sämtlichen Lebensmut verloren und vegetierte nur noch dahin. Ich nahm sogar Medikamente, um den Depressionen zu begegnen, doch auch die halfen wenig. Trotz alldem arbeitete ich wie eine Maschine – in all der Zeit hatte ich keinen einzigen Ausfallstag. Dafür gab es allerdings keinen Orden. In St. Moritz hatte ich gelernt, dass Ausreden in meiner Branche nicht gelten. Der Welt kundzutun, ich sei krank und psychisch am Ende, war daher kein Thema. Schließlich funktionierte meine Mutter nach demselben Strickmuster. Jeder Arzt hätte bei ihr ein schweres Burn-out festgestellt und entsprechende Maßnahmen eingeleitet. Doch sie machte einfach weiter. Zum Glück hatte sie nun das tüchtige Fräulein Zbinden an ihrer Seite – «Therese» für alle, mit denen das Fräulein per Du war. Da wir uns einiges an Arbeit teilten, gehörte ich zu diesen Auserwählten.

Therese bezog eines der Zimmer im «Stöckli», wie wir das Nachbarhaus mit Personalzimmern im Obergeschoss nannten.

Die Zimmer boten eine Aussicht auf die ländliche Hofstatt sowie fließend kaltes und warmes Wasser. An Luxus war das aber auch alles. Therese stammte aus einem gehobenen Zürcher Vorort. Irgendetwas musste sie gefunden haben, das sie zum Bleiben anregte. War es das Vertrauen meiner Mutter? Die gab ihr schon am zweiten Tag die Schlüssel zum Büro und zum Tresor. Gleichzeitig übertrug sie ihr die Organisation zweier Bankette im Schloss Landshut, die noch am selben Wochenende stattfinden sollten. Ich erinnere mich, als sei es gestern gewesen: Am Freitagabend feierte ein Unternehmen, für den Samstagmittag hatte sich die Schweizer Gesellschaft für Jagd- und Wildschutz angekündigt.

Letzterer Anlass war besonders heikel. «Gibt es auf der Welt eine Kaste, die man schwieriger unter einen Hut bringen kann als die Jäger aus der Schweiz?» – So oder so ähnlich lautete das Stoßgebet aus dem Jahr 1892, das Henry Vernet zugeschrieben wird, dem damaligen Präsidenten des Schweizer Jägervereins. Schweizer Jäger sind tatsächlich eine Kaste für sich, und mir war klar, was das Fräulein Zbinden zu erwarten hatte: Neben gesitteten Herren saßen biedere Männer mit stinkenden Zigarren und anzüglichen Sprüchen. Gastronomisch waren die Wünsche der Jäger keine Herausforderung: am Vormittag Kaffee mit Gipfeli, dem Schweizer Äquivalent des Croissants. Zum Mittag warmer Beinschinken, Kartoffelsalat, gemischter Salat, Käseteller und Zuger Kirschtorte, die ich nach Lenôtres Rezept herstellte und, halb übertrieben und halb tatsächlich überzeugt, als «die beste Kirschtorte in Europa und Umgebung» anpries. Damit würde die Nummer eins ihres Jahrgangs an der Hotelfachschule Lausanne keine Probleme bekommen. Allein, dass es lediglich vier Stunden Pause zwischen der Veranstaltung vom Samstag und dem Jäger-Bankett gab, war eine Herausforderung.

Therese meisterte das Wochenende mit Bravour. Die Jäger rissen die Augen auf, als die junge, hübsche Frau auftauchte, und erst recht, als sie kompetent und routiniert, als hätte sie nie etwas anderes getan, für einen reibungslosen Ablauf sorgte. Derbe Witze glitten an ihr ab wie an einer Teflon-Pfanne. Sie blieb freundlich und zugleich distanziert. Meine Mutter sah sich die Sache an und zog sich von da an dankbar aus dem Restaurantbetrieb zurück, um sich fast nur noch um die Hauswirtschaft zu kümmern. In ihrer Situation ein echter Segen! Was mein Vater von all dem mitbekam, weiß ich nicht. Nach wie vor schmiss er mit strengem Regiment die Küche.

Und was war mit mir? Zugegeben, es war nicht Liebe auf den ersten Blick. Mein angeschlagener psychischer Zustand war dafür mitverantwortlich. In meiner Erinnerung ist es, als ob ich damals vieles wie durch einen Schleier wahrnahm, was eventuell auch an den Medikamenten lag.

Thereses Eltern kamen aus dem Emmental. Außerhalb der Schweiz weiß man vor allem, dass dort der berühmte Käse mit den Löchern hergestellt wird. Das Tal selbst wird gerne mit vielen Adjektiven beschrieben: liebliche Hügel, steile Matten, schroffe Täler, wilde Wasser. Jedenfalls ist es sehr schön dort.

Die Frau, die einmal meine Schwiegermutter werden sollte, stammte von einem Bauernhof in Trubschachen. Diese Gegend nennt man auch Holzbrückenlandschaft, weil es viele schöne Holzbrücken über viele rauschende Bäche gibt. Der Vater von Therese war der Sohn eines legendären Lehrers und langjährigen

Gemeinderatspräsidenten von Langnau. Von ihm bekam sie einiges an Wissensdurst und Lebensfreude mit. Er landete in der Forschung beim Pharmakonzern Hoffmann-La Roche, die ihn als Direktor nach New Jersey schickten. Da war Therese sieben Jahre alt.

Die nächsten acht Jahre verbrachte sie in Amerika, gefolgt von zwei weiteren im britischen Cambridge, so dass Englisch zu ihrer zweiten Muttersprache wurde. Zurück in der Schweiz wurde ihr Vater Professor an der Universität Zürich und CEO des toxikologischen Instituts in Schwerzenbach. Er war Wissenschaftler durch und durch, hatte aber auch unbändige Freude am Kochen und Backen. Auch gegen ein gutes Glas Wein hatte er nie etwas einzuwenden. Davon bekam Therese eine gute Portion mit auf den Lebensweg. Weil ihre Familie oft in hervorragenden Hotels und Restaurants verkehrte – und auch dort, wo ein würziges Stück Brot und ein reifer Käse zusammen mit einem ehrlichen Tropfen Wein für Gaumenfreuden sorgen –, wurde sie mit dem Gastronomie-Virus infiziert.

Lange nach unserer ersten Begegnung setzte sie die Liebe für gute Weine professionell um, bildete sich zur Sommelière weiter und gehört seither zu den führenden Weinkennerinnen der Schweiz.

Von Tag zu Tag gefiel mir unsere Betriebsassistentin besser. Wie hatte ich, als meine Mutter uns einander vorstellte, übersehen können, wie toll sie aussah mit diesem leicht exotischen Touch? Ihre dunklen Haare waren streng nach hinten gekämmt und durch eine Spange gehalten, was ihre Gesichtszüge betonte, mit denen sie als Asiatin durchgehen konnte. Ihre Körperhaltung war die einer japanischen Prinzessin: aufrecht und anmutig. Augenblick mal! Ich war ja plötzlich über beide Ohren verliebt!

Doch über dem sich anbahnenden Glück hing ein Damoklesschwert, das sowohl meine Mutter als auch ich fürchteten: die Pläne von Therese, nach Südafrika zu gehen. Noch lag ihr Antrag auf das Visum in irgendeiner Amtsstube, und wenn es nach mir ging, sollte sich daran bis zum Sankt-Nimmerleins-Tag nichts ändern.

Aber gab es nicht auch noch diesen irischen Freund? Von dem war allerdings immer weniger die Rede. Selbst das Stichwort «Südafrika» hörten wir nicht mehr ganz so häufig. Wir schöpften Hoffnung, dass es Therese in Bätterkinden so gut gefiel, dass sie sich zum Bleiben entschließen würde.

In diesen aufregenden Tagen geschah noch etwas anderes, nicht weniger Bedeutendes. Es war Anfang der Sommerferien, als ich mich an die Quelle erinnerte, bei der meine Mutter immer wieder ihren Frieden fand: Jesus Christus. Ich kann nicht genau sagen, was es war, das mich in diese Richtung trieb, und zugegeben, ich war durchaus skeptisch. Der Glaube war immer eine wesentliche Stütze im Leben meiner Mutter gewesen, doch hatte er ihr geholfen, dem Hamsterrad zu entkommen?

Eines Tages schob ich alle Zweifel beiseite. Auf einmal wollte ich unbedingt erfahren, ob Gott, Jesus Christus, Glaube, wie immer man das nannte, mehr war als nur ein frommer Gedanke. Es war ein kurzer Satz mit nur drei Wörtern, der mir durch den Kopf ging: «Bist du Realität?»

Realität. Was verbarg sich dahinter? Etwas, das keine Illusion ist, etwas Wirkliches, das vorhanden ist. Das hält, wenn man sich darauf verlässt. Auf meiner Reise durch den amerikanischen Kontinent war ich auf der Jagd nach Realität gewesen – im Naturdschungel genauso wie im Großstadtdschungel. Trotzdem hatte ich nichts verspürt, an dem ich mich festhalten konnte. So gesehen, war es für mich ein enormer Schritt, als ich eines Tages Jesus Christus konkret ansprach: «Wenn du wirklich lebst, so wie es die Bibel sagt, und eine ganz persönliche Beziehung mit dir möglich ist, dann möchte ich das jetzt erfahren!»

Ich erinnere mich, wie ernst sich meine Stimme anhörte. Denn ernst war es mir tatsächlich. Erwartete ich eine Antwort? Irgendwoher, aus den Tiefen des Raums, aus dem Himmel, aus fernen Welten? Erwartete ich ein Amen, einen Blitz, einen Donner?

Nein, eigentlich erwartete ich an diesem Tag nichts. Ich war an einem Punkt angelangt, an dem man keine Erwartungen mehr hat. Weil mir eh alles egal war, sprach ich einfach weiter: «Ich komme mit meinem Leben nicht klar», sagte ich. «Ich sehe keinen Sinn darin.» Dann machte ich eine Pause. Um Worte auszusprechen, die ich zuvor nie ausgesprochen hatte: «Ich brauche deine Hilfe. Ich bin bereit, mich von dir korrigieren und führen zu lassen.»

Bis dahin hatte mich nie jemand wirklich geführt. Bis dahin war ich immer nur gegängelt worden, hatte mein Vater mir seine Vorstellungen für mein Leben übergestülpt. Hatte mir gesagt, wo es langgeht. Und als ich mich auf der Reise davon losgemacht hatte, hatte ich mich auch nicht besser gefühlt. Mich führen zu lassen, eine Führung bewusst anzunehmen und darauf zu vertrauen: Das würde etwas völlig Neues in meinem Leben sein.

Geschah etwas davon in den Augenblicken, die folgten? Nein, nichts, nada! Nicht einmal ein feierliches Gefühl wollte sich einstellen. Hatte Gott mein Gebet nicht erhört? Gab es ihn am Ende überhaupt nicht wirklich?

Und doch merkte ich in den nächsten Tagen, dass sich etwas veränderte. An diesem Tag begann eine Reise, die anders als meine Südamerikareise bis heute nicht abgeschlossen ist.

«Die Straße gleitet fort und fort, / Weg von der Tür, wo sie begann, / Weit überland, von Ort zu Ort, / Ich folge ihr, so gut ich kann»*, schrieb J.R.R. Tolkien, was gut den lebensverändernden Prozess beschreibt, der für mich an diesem Sommertag beginnen sollte.

«Wenn du wirklich lebst, so wie es die Bibel sagt, und eine ganz persönliche Beziehung mit dir möglich ist, dann möchte ich das jetzt erfahren!», waren meine Worte gewesen.

Ich durfte diese Beziehung erfahren.

---

* Aus: J.R.R. Tolkien. Der Herr der Ringe. Band 1: Die Gefährten. Aus dem Englischen von Wolfgang Krege (Wolfgang Kreges Übersetzung aus dem Jahr 1999 wurde für diese Ausgabe vollständig neu durchgesehen und korrigiert). © The Tolkien Estate 1954, 1955, 1966. Klett-Cotta, Stuttgart 1969, 1972, 1. Auflage der neuen Übersetzung 2012.

Lauwarmer Kartoffelsalat nach Vater Hubler

Diesen Kartoffelsalat servierten wir immer den Jägern zum Beinschinken. Entscheidend ist, dass er ganz frisch zubereitet und lauwarm serviert wird. Er darf keinesfalls im Kühlschrank aufbewahrt worden sein.

Für 10 Portionen benötigen Sie:

2,2 kg Kartoffeln, festkochende Sorte
180 g Zwiebeln, gehackt
350 g Hühnerbouillon
40 g Senf
25 g Weißwein-Essig
300 g Mayonnaise
Frisch gezupfter Majoran
20 g Schnittlauch, geschnitten
Salz, weißer Pfeffer aus der Mühle

- Kartoffeln in Salzwasser schonend garkochen, abschütten und noch heiß schälen.
- Zwiebeln in der Bouillon aufkochen.
- Geschälte Kartoffeln in Scheiben schneiden, die heiße Bouillon mit Zwiebeln darübergießen.
- Senf, Essig, Mayonnaise und Majoran miteinander verrühren, zu den Kartoffeln geben, sorgfältig mischen.
- Mit Salz und Pfeffer abschmecken.
- 1 Stunde ziehen lassen.
- Lauwarm servieren. Den angerichteten Salat mit Schnittlauch bestreuen.

Anmerkung:

- Bouillon nicht komplett von Anfang an beigeben, sondern dosieren, je nachdem, wie viel Flüssigkeit die Kartoffeln aufnehmen.
- Wer's leichter mag, kann die Mayonnaise durch sauren Halbrahm ersetzen.
- Es ist eines dieser Gerichte, das sich nicht in kleinen Mengen zubereiten lässt.

Du gibst Frieden dem, der sich fest an dich hält

Vorerst änderte sich nichts. Trotzdem wagte ich einen Glaubensschritt: Kurzentschlossen setzte ich die Therapie beim Psychiater und alle Medikamente ab, ohne jemanden danach zu fragen, was er davon hält. Ich schätze, ich hätte Antworten bekommen, die mir dringend davon abgeraten hätten: «Das kannst du auf keinen Fall tun!» Ich möchte auch niemandem raten, der in einer ähnlichen Situation steckt, es mir gleichzutun. Ich spürte aber stark in mir, dass die Medikamente und die Therapie genauso wenig eine Lösung boten wie die Reise durch Amerika. Dass ich etwas Besseres gefunden hatte.

Auch merkte ich es daran, dass mir die Bibel plötzlich ein echter Schatz wurde. Ich hatte sie auch früher schon immer wieder mal zur Hand genommen, sie aufgeschlagen und an irgendeiner Stelle zu lesen begonnen. Weit war ich nie gekommen. Die Texte darin hatten mich nicht angesprochen. Ich hatte einfach nichts damit anfangen können. Jedes Mal hatte ich das Buch enttäuscht ins Regal zurückgestellt. Jetzt holte ich es wieder heraus.

Ich schlug die Bibel auf – und die Sache war auf einmal ganz anders. Ich begann suchend zu lesen – dieses Wort beschreibt es am besten. Und plötzlich war es, als hätte ich die Geschichten darin vorher nie richtig wahrgenommen. Ich verstand plötzlich, worum es im Glauben wirklich geht – nicht darum, Gesetze zu befolgen und möglichst «brav zu sein», was auch immer das heißen mochte. So hatte ich Glauben, wenn ich ehrlich bin, bislang vor allem verstanden. Nein, eigentlich geht es um etwas ganz anderes:

eine Beziehung zum Schöpfer. Zu einem Schöpfer, der wie ein Vater für uns sein möchte. Der uns lieb hat und uns bejaht.

Ab jetzt würde der Griff zur Bibel Teil meines Alltags werden. Ich möchte nicht gleich von einem Studium der Bibel sprechen, doch am Ende lief es darauf hinaus. Interessanterweise ist dieses Studium nie beendet, wenn man sich einmal darauf einlässt. Auch wenn ich heute das Alte und Neue Testament ich weiß nicht, wie oft, gelesen habe, finde ich ständig Neues. Oder, sagen wir besser, ich kann die Geschichten in einem anderen Licht betrachten.

«Ist mit dir eine ganz persönliche Beziehung möglich?», hatte meine große Frage geheißen. Die Antwort kam nicht vom Himmel, sie kam aus der Bibel.

«Ja», lautete sie. «Lies weiter.»

Ich las weiter.

Auch das Gebet spielte von nun an eine wichtige Rolle. Irgendwann stieß ich auf den Psalm 139, den ich heute auch dann auswendig zitieren kann, wenn man mich nachts um drei Uhr mit einem Eimer kaltem Wasser weckt:

HERR, du erforschest mich und kennest mich. Ich sitze oder stehe auf, so weißt du es; du verstehst meine Gedanken von ferne. Ich gehe oder liege, so bist du um mich und siehst alle meine Wege. Denn siehe, es ist kein Wort auf meiner Zunge, das du, HERR, nicht alles wüsstest. Von allen Seiten umgibst du mich und hältst deine Hand über mir. Diese Erkenntnis ist mir zu wunderbar und zu hoch, ich kann sie nicht begreifen. Wohin soll ich gehen vor deinem Geist, und wohin soll ich fliehen vor deinem Angesicht? Führe ich gen Himmel, so bist du da; bettete ich mich bei den Toten, siehe, so bist du auch da. Nähme ich Flügel der Morgenröte und bliebe am äußersten Meer, so würde auch dort deine Hand mich führen und deine Rechte mich halten. Spräche ich: Finsternis möge mich decken und Nacht statt Licht um mich sein –, so wäre auch Finsternis nicht finster bei dir, und die Nacht leuchtete wie der Tag …

Gott sieht mich immer – was ist das nur für eine gewaltige Erkenntnis! Noch bevor ich anfange zu reden, weiß er, was ich sagen will. Noch bevor ich diese Zeilen tippe, weiß er, was ich schreiben will. Da kann man erst einmal einen ziemlichen Schrecken kriegen – lässt man sich aber darauf ein, folgt tiefes, lebensbejahendes Vertrauen.

Es gab noch eine Sache, bei der plötzlich eine Veränderung stattfand: Mein Gewissen regte sich. Mir kamen all meine Unzulänglichkeiten in den Sinn. Meine kleinen und großen Geheimnisse; die Dinge, über die ich lieber nicht spreche. Bisher war ich immer darüber hinweggegangen, nach dem Motto: «Schwamm drüber!» Schließlich ist niemand perfekt, oder? Doch plötzlich ging das nicht mehr. «Schwamm drüber» klappt nicht, wenn Gott uns kennt, wie in Psalm 139 beschrieben. Wenn er alles sieht.

Verstehen Sie mich nicht falsch: Es war nicht so, dass ich auf einmal zu zittern begann: «Du liebe Güte, da ist dieser allwissende Gott, der mich besser kennt als ich mich selbst, und hier bin ich kleines Würstchen voller Schwächen und Fehler.» Nein, es war, als würde mich ein wohlwollender Lehrer an die Hand nehmen und mir ganz ruhig die Dinge zeigen, die nicht in Ordnung waren: negative Verhaltensmuster, Gedanken und Taten! Nach und nach wurde mir klar, dass es Dinge gab, die ich in Ordnung bringen musste. Ich spürte: Meine Schuld war mit ein Grund für meine tiefen Depressionen gewesen.

Um in einem Bild aus der Küche zu sprechen: Wie man einen Kopfsalat Blatt um Blatt teilt und dabei immer tiefer in sein Innerstes vordringt, fächerten sich vor meinen Augen Verfehlungen auf: Lügen, Vorurteile, Ablehnungen, Lieblosigkeiten, Hass, Egoismus. Es kostete mich enorme Überwindung, jedes einzelne dieser ganz besonderen Salatblätter in die Hand zu nehmen, zu drehen und zu wenden, wie ich es aus der Küche gewohnt war, um zu schauen, ob sich irgendwo ein Sandkörnchen versteckte, das einem Gast zwischen den Zähnen knirschen kann. Und bei mir knirschte es gewaltig.

Gleichzeitig merkte ich, wie eine höhere Macht die Blätter reinigte. Alle meine Verfehlungen wurden mir vergeben. Ich konnte geradezu spüren, wie alles leichter wurde, als tonnenschwere Lasten von meiner Seele fielen.

Im gleichen Maße gelang es mir jetzt auch, Menschen zu vergeben, die mir Unrecht angetan hatten. Auch das entlastete mich enorm. Die schwierige Beziehung zu meinem Vater sollte von nun an besser werden.

Die Freude war groß: Ich hatte ihn wirklich gefunden. Da war er plötzlich, der Sinn meines Lebens. Es war ein tiefer Friede, der sich ausbreitete, ein Wissen, dass ich angekommen war. Dass ich nicht perfekt, aber trotzdem alles gut war.

Würde dieser neue Glaube die Belastungsprobe überstehen? Hatte er wirklich die Kraft, alles zu verändern? Ja, die hatte er. Nach und nach fühlte ich mich besser. Die Panikattacken verflüchtigten sich, die dunklen Tage der Depression lagen hinter mir. Es war ein Prozess der inneren Heilung. Mir kam es vor, als ob nach langer Nacht der Morgen anbreche.

In der Bibel fand ich immer häufiger Worte, die mich ermutigten, die mir Verheißungen, Trost und Rat boten. In Jesaja 26,3 waren es die Worte «Herr, du gibst Frieden dem, der sich fest an dich hält und dir allein vertraut», die dafür sorgten, dass ich einen neuen Tag mit neuen Aufgaben auch mit neuem Mut angehen konnte. In Römer 8,38–39 war es der Satz: «Weder Tod noch Leben, weder Engel noch Dämonen, weder Gegenwärtiges noch Zukünftiges noch irgendwelche Gewalten, weder Hohes noch Tiefes oder sonst irgendetwas auf der Welt können uns von der Liebe Gottes trennen, die er uns in Jesus Christus, unserem Herrn, schenkt.» Diese Worte schenkten mir die Zuversicht, die mir in meinem Leben bisher gefehlt hatte.

Diese Zuversicht kam zur richtigen Zeit. Denn es folgten turbulente Jahre für die «Krone» und die Menschen darin.

Feta-Brot

Brot kommt in der Bibel etwa 270-mal vor. Es ist von großer Bedeutung, einerseits als Nahrungsmittel, aber auch als geistliches «Lebensmittel». Jesus bezeichnet sich als «Brot des Lebens».

Zu biblischer Zeit gab es bestimmt kein Feta-Brot, aber diese Variante schmeckt mir ganz besonders zu sommerlichen Salaten.

Für ca. 750 g Brot benötigen Sie:

20 g	Hefe
5 g	Zucker
400 g	Semmelmehl (d. h. Weizenmehl Type 405)
240 g	Wasser
10 g	Salz
10 g	Senf
20 g	Olivenöl
125 g	Feta, in kleine Würfel geschnitten
50 g	Oliven, nach Belieben grüne oder schwarze, entsteint und grob geschnitten

Olivenöl zum Bepinseln

- Hefe und Zucker in 60 g Wasser auflösen.
- 70 g Semmelmehl beigeben und zu einem Vorteig verrühren.
- Restliches Semmelmehl darauf schütten und bei Zimmertemperatur heben lassen, bis das Mehl gitterartige «Risse» macht.
- Restliches Wasser, Salz, Senf und Olivenöl beigeben, ca. 15 Min. kneten.
- Feta und Oliven beigeben und einkneten.
- Mit einem Tuch zugedeckt heben lassen, bis der Teig doppelt so groß geworden ist.

- 2 Stangen formen, 3- bis 4-mal diagonal einschneiden und mit einem Tuch bedeckt nochmals heben lassen, bis die Stangen um die Hälfte größer sind.
- Mit Olivenöl bepinseln.
- In der Mitte des auf 230 °C vorgeheizten Ofens ca. 30 Minuten kross backen.

Gegensätze ziehen sich an

Der 21. Januar 1978 war einer dieser typischen Wintertage in Paris. Schnee sollte man eher nicht erwarten, sobald man das geschützte Refugium des Hotels verlässt, dafür Regen, Graupel und einen böigen Wind, der einem ins Gesicht schlägt. Therese und mir konnte das alles nichts anhaben. Wir schwebten auf Wolke sieben, trotz der Warnung des Portiers im Hotel: «Madame, Monsieur», sagte er. «La météo est encore capricieuse aujourd'hui.» Das Wetter spielt heute wieder verrückt.

Sollte es doch! Wir spielten auch ein bisschen verrückt. Klammheimlich, ohne jemandem davon zu erzählen, waren Therese und ich nach Paris gefahren, um uns zu verloben. Und zwar nicht irgendwo in Paris, sondern an einem legendären Ort, zumindest, wenn man wie wir beide aus der Gastronomie kommt: Das Restaurant «La Tour d'Argent» gehört nicht nur zu den ältesten der Stadt – gegründet haben soll es der Koch Rourteau bereits im Jahr 1582 –, es ist vor allem eines der besten. Als I-Tüpfelchen auf seinem Ruhm als Gourmet-Tempel lagerten zu dieser Zeit im Keller 440.000 Flaschen Wein. Eine Zahl, die selbst meine künftige Frau in Erstaunen versetzte.

Das «La Tour d'Argent» ist im 5. Arrondissement am linken Ufer der Seine zu finden, im Quartier Latin – wo nach Ansicht vieler das französische *Savoir vivre* zu Hause ist. Für die Sehenswürdigkeiten auf unserem Weg hatten wir kaum ein Auge. Selbst Notre Dame vermochte uns nicht aufzuhalten. Wir waren jung und aufgeregt, und wir wollten dort speisen, wo schon Könige wie

Heinrich III., Heinrich IV. und Ludwig XIV. oder finstere Gestalten wie Kardinal Richelieu Stammgäste waren.

Seit unglaublichen 63 Jahren hatte «La Tour d'Argent» drei Sterne im Restaurantführer Guide Michelin! Als wir Platz nahmen, beäugte uns der Kellner mit kritischem Blick. Er konnte schließlich nicht ahnen, dass wir nicht nur wussten, was wir essen wollten, sondern auch, wie man solche Mahlzeiten zubereitet.

Wie gerne wären wir in die Küche geschlichen, um den Köchen über die Schulter zu blicken. Schließlich lernt man in unserem Beruf nie aus und kann sich immer etwas von Kollegen aneignen. Damals war Claude Terrail dort der Herr über Töpfe, Pfannen und eine beeindruckende Kochbrigade. Eine seiner Kreationen war die berühmte Roueneser Ente. Was es mit ihr auf sich hat, steht im folgenden Absatz – wer es nicht lesen will, springt einfach darüber hinweg.

Die Zeitung *New York Times* schrieb darüber: «Das Restaurant ist bekannt für seine ‹Canard au sang›, was auf Französisch eleganter klingt als der englische Ausdruck ‹Bloody duck›.» Auf Deutsch wäre der Ausdruck «blutige Ente» auch nicht gerade publikumswirksam. Dahinter steckt, dass die Vögel nicht wie üblich geschlachtet, sondern erstickt werden, damit das Blut im Fleisch bleibt. Das macht es besonders zart und saftig. Die Karkasse wird in einer speziellen Presse ausgepresst. Der dadurch gewonnene Jus bildet den Fond für die Sauce. «Jede Ente», erinnert die *New York Times* in ihrem Artikel, «die im ‹La Tour d'Argent› auf den Tisch kommt, wird nummeriert. So servierte man dem englischen König Edward VII. im Jahr 1890 Ente Nr. 328 und Franklin D. Roosevelt im Jahr 1919 Ente Nr. 112 151.»

Res Hubler und Therese Zbinden bekamen im Jahr 1978 die Ente mit der Nummer ... Leider muss ich gestehen, dass ich es nicht mehr weiß. Womöglich war der Brauch auch gar nicht mehr üblich, nicht einmal darüber bin ich im Bilde. Das ist auch kein Wunder, denn ich hatte nur Augen für die schönste Frau im Restaurant, ach was, die schönste Frau von Paris, nein, von der ganzen Welt! Was war ich für ein Glückspilz! Mit Therese konnte ich sogar ein Gericht genießen, das für viele andere als romantisches Verlobungsessen unpassend gewesen wäre. Davor gab es noch einen weiteren Leckerbissen, nämlich Hechtklößchen. Die hatte Claude Terrail nach seinem Vater «André Terrail» getauft. Die «Canard au sang» stand nie auf der Speisekarte der «Krone», Hechtklößchen dagegen schon.

Therese und ich sollten im Laufe unseres Lebens noch viele gemeinsame kulinarische Erfahrungen sammeln. Ansonsten sind es Gegensätze, die sich bei uns anzogen. Wir sind grundverschieden: Ich bin impulsiv und neige zur Ungeduld. Sie ist völlig ausgeglichen. Ich singe das Lied der Improvisation, Therese ist strukturiert und organisiert. Sie ist geprägt von einer harmonischen Vater-Tochter-Beziehung, ich von einer belasteten Beziehung zu meinem Vater. Bei ihr ist es der Verstand, der den Ton angibt, bei mir das Gefühl.

Wer aus alldem Zündstoff herausliest, den darf ich bestätigen. Bei uns sprühten und sprühen noch heute die Funken. Dazu kommt, dass wir beide Alpha-Tiere sind. Denen sagt man ein Talent zum Führen und Entscheiden nach, aber auch zur Besserwisserei. Da Therese beim Kochen – meiner späteren Tätigkeit – mitreden kann und ich beim Service – das wurde später ihr Gebiet –, wurde unsere Ehe nie langweilig.

Doch wie war es mir gelungen, das Herz dieser klugen und schönen Frau zu erobern? Was hatte uns den Weg zu dieser besonderen Verlobung geebnet? Alles begann damit, dass eines Tages ein neuer Duft in der Luft gelegen hatte. Damals stand noch immer die drängende Frage im Raum, ob das Fräulein Zbinden bleibt oder den südafrikanischen Verlockungen erliegt.

Eines Tages verbreitete sich anstelle von Nina Riccis L'Air du Temps ein Hauch von Chanel No. 5 in der «Krone», wo immer das Fräulein entlang schritt. Als ausgeprägter Geschmacks- und Geruchsmensch entging mir das nicht. Während der Arbeit schrieb ich ganz beiläufig ins Bon-Buch: «Fräulein Zbinden, ich mag Ihr neues Parfum!»

Damals war ich noch weit entfernt vom Ziel – von einem Rendezvous in Paris konnte ich noch nicht einmal träumen. Geschweige denn von einem Treffen mit ihrem Vater, damit ich um die Hand seiner Tochter anhalten konnte. Doch nach langem Werben kam es dazu: An Weihnachten 1977 hielt ich um Thereses Hand an. Ihr Vater willigte ohne Vorbehalte ein, vielleicht nicht zuletzt im Hinblick auf künftige Tafelfreuden. Die sollte er gerne kriegen, wenn ich dafür die Tochter bekam! Und mit ihr einen Schwiegervater, mit dem ich es besser nicht hätte treffen können. Wie er für Therese stets ein Vorbild war, fördernd, ermutigend und hilfsbereit, war er es auch mir gegenüber. Meine liebenswerte Schwiegermutter war die Tochter einer aus dem Emmental stammenden Mundartschriftstellerin. Diese war eine tiefgläubige, bodenständige Bäuerin gewesen.

Auf den Tag neun Monate, nachdem wir uns verlobt hatten, feierten wir Hochzeit. Dafür wählten wir die Kirche Langnau im

Emmental aus, die wie viele Kirchen in der Schweiz auf eine lange Geschichte zurückblicken kann. Es ist ein erhabenes Gefühl, sich in einem Gebäude das Ja-Wort zu geben, das seit vielen Jahrhunderten an diesem Platz steht, in diesem Fall seit 1673. Ich ließ mir sagen, dass es auf dem Grundstück drei Vorgängerkirchen gegeben hatte, die man bis ins 11. Jahrhundert zurückverfolgen könne.

Als der große Tag kam, prallten die Organisationskunst von Therese und mein Hang zur Improvisation aufeinander. Eine schöne Mahnung an das, was uns in unserer Ehe noch des Öfteren erwarten sollte! Von ihrer Seite her war alles bestens geplant: Der Shuttle-Bus brachte die Gäste zur Kirche. Therese übernachtete im «Schweizerhof», wo ich sie zusammen mit dem Brautführerpaar abholte. Der Mercedes meiner Eltern war auf Hochglanz poliert; mit diesem wollten wir gemütlich durch die herbstliche Landschaft Richtung Kirche kutschieren. Doch so gemütlich wurde es nicht. Waren wir vom Weg abgekommen oder hatten wir Straßenschilder übersehen? Jedenfalls waren wir uns auf einmal gar nicht mehr sicher, wo wir uns befanden – weit und breit war kein Kirchturm in Sicht.

«Hast du eine Karte im Auto?», fragte Therese.

Sie hätte sicher eine gehabt. Ich nicht.

«Ich frage!», erbot sich unsere Brautführerin. Schon sah man sie in ihrem zart lindgrünen Festkleid an einer einsamen Tankstelle aus dem Wagen springen. Ein Blick auf die Uhr: In fünfzehn Minuten begann die Trauung.

Beginnt die auch, wenn das Brautpaar gar nicht da ist? Verschollen im Schweizer Mittelland, in dem man sich eigentlich nicht verirren kann?

Ein Mechaniker im blauen Overall kam unserer Brautführerin entgegen. Wahrscheinlich hielt er uns für eine Fata Morgana.

«Die wollen heiraten!», rief die Brautführerin ihm zu. «Und suchen ihre Kirche!» Zum Glück wusste der Mechaniker Bescheid. Zum ganz großen Glück waren wir nicht mehr weit vom Ziel entfernt.

Als wir eintrafen, läuteten bereits die Glocken. Alle Gäste warteten gespannt. Eigentlich hätten wir davor noch ein Gespräch mit dem Pfarrer führen sollen, um den Ablauf zu besprechen. Nun musste es so laufen, wie es mir ohnehin am liebsten ist: improvisiert und mit einem gewissen Risiko behaftet.

Die Trauung und auch das anschließende Fest gelangen wunderbar. Gerne denken wir bis heute an diesen besonderen Tag zurück.

Heute kann ich sagen: Wie unsere Hochzeit ablief, so lief und läuft auch unser Leben ab. Mit viel Improvisation und meistens einem Happy End. Eines wurde mir an diesem Tag aber klar: Sollte unsere Ehe so stabil sein wie das jahrhundertealte Tannenholz der Kirche, würden wir glücklich und zufrieden sein.

Wir glaubten damals, wir wüssten von den Herausforderungen, die auf uns zukommen würden: Mit meinen Eltern war abgesprochen, dass wir die «Krone» übernehmen. Ich würde in der Küche stehen, die ich bislang gemieden hatte, um nicht mit meinem Vater in Konflikt zu geraten.

Therese würde den Service und die Administration übernehmen. Dazu war sie bestens qualifiziert, und die Abläufe kannte sie ja nach inzwischen achtzehn Monaten Tätigkeit bei uns. Und doch ist es ein sehr herausfordernder Job, harte Arbeit von frühmorgens bis spät in den Abend oder sogar die Nacht hinein.

Außerdem hegte ich Zweifel daran, dass mein Vater die Geschäftsleitung problemlos übergeben würde, egal was vereinbart war. Und so sollte es auch kommen: Während das Ja-Wort von Therese und mir sich als unzerbrechlich erwies, erwies sich seines zu Beginn noch als recht brüchig.

Wie gut ist es doch, dass Menschen tatsächlich nie wissen, was sie erwartet.

Hechtklößchen

Hecht hat sehr viele gabelförmige Gräten. Wenn man diese mit der Pinzette zupft, ist das Filet ziemlich ruiniert. Deshalb macht man am besten gleich Klößchen daraus. Insbesondere, weil das Fleisch vom Hecht sehr gut bindet und sich somit für diese Zubereitung gut eignet.

Frangipane-Panade (240 g)

Die Panade reicht für zwei Rezepte. Lässt sich gut tiefkühlen.

60 g Semmelmehl (d. h. Weizenmehl Type 405)
2 Eigelb
40 g Butter, geschmolzen
120 g Milch
Salz und weißer Pfeffer aus der Mühle

- Mehl, Eigelb und Butter in Kasserolle glattrühren.
- Milch aufkochen und dazugießen.
- Auf kleiner Flamme unter ständigem Rühren sechs Minuten abrühren (d. h. mit dem Kochlöffel ständig rühren. Es bildet sich eine Teig-ähnliche Masse, die zunehmend geschmeidiger wird, aber sofort anbrennt, wenn man nicht rührt).
- Auskühlen lassen.

(Fortsetzung siehe nächste Seite)

Farce (720 g)

325 g Hechtfleisch ohne Haut, ohne Gräten, in kleine Würfelchen geschnitten

5 g Salz

Weißer Pfeffer aus der Mühle

120 g Frangipane-Panade

30 g Eiweiß

250 g Rahm

- Hecht, Salz, Pfeffer und Panade im Tiefkühlfach sehr gut durchkühlen, ohne es gefrieren zu lassen. In einer Küchenmaschine (z. B. Moulinex) cuttern. Achtung, die Masse dabei nicht über 10 °C erwärmen.
- In eine Schüssel geben und diese in eine zweite Schüssel stellen, die zur Hälfte mit Eiswürfeln und etwas Wasser gefüllt ist.
- Mit einem Kochlöffel zuerst das Eiweiß, dann den Rahm einrühren.
- Mit zwei Löffeln Klößchen abstechen und diese in einem kräftigen Fischfond pochieren.
- Die Klößchen an einer weißen Sauce, z. B. Champagner- oder Kräutersauce, servieren.
- Die pochierten Klößchen lassen sich sehr gut tiefkühlen.

Die Farce eignet sich aber auch hervorragend für Terrinen mit Einlagen von Fisch oder Meeresfrüchten.

An Stelle von Hecht eignet sich auch Forelle sehr gut.

Mit den Sternen im Blick

Einige Monate nach unserer Hochzeit übernahmen wir die «Krone». Meine Eltern wohnten zu dieser Zeit bereits in einem Haus, das rund zweihundert Meter von der «Krone» entfernt lag. Damals wäre es mir lieber gewesen, sie hätten sich ihren Alterswohnsitz mindestens 20 Kilometer entfernt eingerichtet. Trotzdem: Von nun an war ich für die Küche verantwortlich.

Sah ich sie am Tag, als ich sie zum ersten Mal als Küchenchef betrat, mit anderen Augen als zuvor?

Was waren das für Zeiten gewesen, als mein Vater darin Regie geführt hatte. Zeiten, in denen der Ton rau war und immer wieder Tränen flossen. Von nun an sollte das anders sein, das hatte ich mir fest vorgenommen. Trotzdem hielt ich keine große Ansprache und schlug den neuen Kurs auch nicht in Thesenform an die Küchentür. Auch dachte ich nicht an Sterne oder Kochmützen, die man uns verleihen könnte. Arbeiten war angesagt. Klar war: Ich wollte hier absolutes Spitzenniveau kochen – aber nicht für ein kleines Publikum, das es sich leisten konnte, sondern zu moderaten Preisen für jedermann und jedefrau. Alles andere wäre auch schwierig gewesen, denn Bätterkinden liegt nicht zentral genug, um sich auf eine kleine Auswahl an Gourmets zu spezialisieren.

In der Gastronomie gibt es nur sehr selten Zeiten, in denen die Routine nicht die Abläufe bestimmt. Jeden Tag kommen Gäste und möchten essen und trinken. Jeden Tag geht es um nichts anderes als darum, diese Wünsche zu erfüllen. Und doch macht die Art und Weise, wie man es tut, einen großen Unterschied.

Das beginnt beim Einkauf. Biete ich meinen Gästen gute Ware, weniger gute Ware oder, was leider vorkommt, Ware, die man eigentlich aus dem Verkehr ziehen sollte? In der Küche geht es dann darum, aus dieser (hoffentlich guten) Ware gute Mahlzeiten zu machen. Der Service ist dazu da, dass die Gäste diese Mahlzeit im angenehmen Ambiente genießen können.

Klingt einfach? Ist es im Grunde auch. Die Herausforderungen liegen im Detail verborgen. Das fängt beim Einkauf an: Bei welchem Händler bekomme ich gleichbleibend hervorragende Ware zum bezahlbaren Preis? In der Küche geht es darum, auch in Stoßzeiten einen kühlen Kopf zu bewahren und auch das tausendste Essen so gut zu kochen wie das erste. Es geht routiniert zu in der Küche, doch Selbstgefälligkeit darf sich nicht einschleichen. Das ist im Service kein bisschen anders: Es geht immer darum, den Gästen ein guter Gastgeber zu sein. Darunter verstehe ich, ihnen das Gefühl zu verleihen, dass man sich freut, dass sie da sind. Das klappt nur, wenn man das auch tut. Jeder Gast merkt es, wenn ihm mit aufgesetzter Verbindlichkeit begegnet wird, die nichts mit wahrer Gastfreundschaft zu tun hat.

Therese und ich waren uns in all diesen Dingen einig. Wir brauchten sie nicht zu diskutieren. Von Anfang an waren wir ein starkes Gespann.

Während ich in der Küche meine Ideen umsetzte, verwirklichte Therese sich im Service und baute zudem ihre Wein-Kompetenz aus. In Wädenswil, am westlichen Ufer des Zürichsees, liegt das «Deutschschweizer Kompetenzzentrum für Rebe und Wein». Dort werden Pinot gris, Blauburgunder, Chardonnay, Pinotage, Sauvignon blanc und Räuschling angebaut und gekeltert, und dort absolvierte Therese ihre Ausbildung zur *Weinhändlerin mit Bewilligung für den Handel mit Flaschenweinen.* Er klingt etwas bürokratisch, dieser Titel, doch steckt viel mehr dahinter.

In der Ausbildung geht es darum, nicht nur den Geschmack für ausgezeichnete Weine zu entwickeln, sondern alles über Rebsorten, Kultivierung, Weinanalytik, Vinifikation, Kontrollen und Bodenpflege zu lernen. Und da kommt einiges zusammen, schließlich bauen Menschen seit über 7000 Jahren Wein an. Als die «Krone» ihren Ruf als Gourmet-Restaurant immer mehr festigte, lagerten um die 360 verschiedene Weine in unserem Keller. Es war ein großer Moment für uns, als Therese 1997 vom amerikanischen *Wine Spectator* den *Award of Excellence* erhielt, weil ihre Weinkarte «zu den bemerkenswertesten der Welt» zählte.

«Sagen Sie: Wo kann man hier eigentlich gut essen?» Wer von uns hat diese Frage nicht irgendwann selbst gestellt. Man kommt in eine fremde Stadt, an einen unbekannten Ort, ist hungrig und durstig – doch wohin soll man die Schritte lenken? Zwar blinken hier und da die Lichter eines Restaurants herüber – doch taugt es was? Nichts ist unangenehmer, als Platz zu nehmen, wo man eigentlich nicht sein möchte, um etwas serviert zu bekommen, was einem dann nicht schmeckt.

Um dieses Dilemma aus der Welt zu schaffen, gibt es Restaurantführer. Ihre Anzahl ist Legion, gedruckt und im Internet. Geht es jedoch um die gehobene Küche, schrumpft die Zahl maßgeblicher Restaurantführer allerdings rasch auf eine Handvoll zusammen. Und von dieser Handvoll sind der *Gault&Millau* und der *Guide Michelin* nach wie vor die einflussreichsten. Beide haben ihren Ursprung in Frankreich – wen wundert's?

Der ältere der beiden ist der *Guide Michelin.* In Amerika war es um die Jahrhundertwende Henry Ford gewesen, der 1899 die *Detroit Automobile Company* gründete und begann, erschwingliche Autos ab Fließband herzustellen. Ebenso innovativ zeigte man sich beim französischen Reifenhersteller Michelin. Rund 3000 Autofahrer gab es im Jahr 1900 in Frankreich, und für diese brachten die Gebrüder André und Édouard Michelin, die Gründer des bekannten Reifenherstellers, ein Büchlein heraus, in dem es nicht nur Tipps zum Umgang mit Autos und Reifen gab, sondern auch Namen von Werkstätten, Tankstellen, und, ab 1923, von Hotels und Restaurants. Wieder drei Jahre später verteilte man erste Sterne für besonders empfehlenswerte Gastronomie. Der Rest ist Geschichte. Wer zu den Sterneköchen im Guide Michelin zählt, hat es geschafft. Ob er damit glücklich wird, steht auf einem anderen Blatt.

Dass der Ursprung des *Guide Michelin* ein Autoatlas war, lässt sich noch heute in den Bewertungen ablesen: Ein Stern bedeutet «eine Küche voller Finesse», die einen Stopp wert ist. Zwei Sterne, «eine Spitzenküche», ist laut Guide Michelin einen Umweg wert. Und drei Sterne, «eine einzigartige Küche», ist eine Reise wert.

Anders ist es beim *Gault&Millau.* Der wurde 1969 von den Journalisten Henri Gault und Christian Millau gegründet. Gault hatte bereits bei der Abendzeitung *Paris-Presse* Geschichten über Gastronomie geschrieben. Millau kam von der Zeitung *Le Monde.* Der Ansatz der beiden war von Anfang an journalistischer als beim *Guide Michelin.* Sie beschränkten sich nicht darauf, empfohlene Restaurants in aller Kürze zu beschreiben, sondern schufen ein Punktesystem, das sie mit ausführlichen Besprechungen unterfütterten. An der Stelle der Michelin-Sterne vergibt man bei *Gault&Millau* die nicht minder berühmten roten und schwarzen Kochmützen.

Es sollte seine Zeit dauern, bis der *Gault&Millau* die Schweiz entdeckte, doch 1982 war es so weit – immerhin ein Jahr früher als die erste Ausgabe für Deutschland. Zu dieser Zeit stand ich im vierten Jahr als Küchenchef in der «Krone». Unsere Freude war groß, als wir uns mit sehr guten Noten in der Schweizer Ausgabe wiederfanden. Später sollten wir es auf 17 Punkte und drei rote Kochmützen bringen. Das kann sich sehen lassen – die bestmögliche Punktzahl für die sogenannte «weltbeste Küche» liegt bei 20 Punkten und vier Mützen. 17–18 Punkte oder drei Mützen bedeuten bestmögliche Zubereitung und höchste Kreativität. Bewertet werden die Qualität und Frische der Zutaten, die Kreativität und die Zubereitung, die geschmackliche Harmonie des Gerichts, die Garzeiten und die Präsentation der Gerichte sowie Service, Weinkarte und Ambiente.

Auch wenn die Bewertungen der Gastronomieführer nicht tägliches Gesprächsthema zwischen Therese und mir waren, waren sie doch präsent. Schließlich wählten wir auf unseren eigenen kulinarischen Touren vor allem solche Ziele aus, die wir selbst in den Führern gefunden hatten. Wer wie ich in einem von Bergen geprägten Land wohnt, hat darauf eine ganz eigene Sicht der Dinge: Die Kochmützen im *Gault&Millau* zu ergattern fühlt sich an wie eine Hochtour der mittleren Klasse. Sagen wir mal, auf den Piz Morteratsch in der Berninagruppe. Dazu braucht man eine ordentliche Kondition, guten Orientierungssinn und Trittsicherheit. Da es durch wegloses Gelände geht mit Fels und Eis, droht Absturzgefahr. Deshalb sind Schwindelfreiheit, Erfahrung und der sichere Umgang mit allerlei Hilfsmitteln notwendig.

Ein Stern im *Michelin* findet sein Äquivalent in der Bezwingung des Matterhorns, mit 4478 Metern einer der höchsten Berge der Alpen – und, egal, ob man die Nordwand, die Südwand, die Westwand oder die Ostwand wählt, eine sehr schwierige Besteigung.

Was sind dann drei Michelin-Sterne? Um in meinem Bild zu bleiben, müsste ich dafür die Schweiz verlassen: Es ist die Besteigung des Mount Everest ohne Zusatzsauerstoff.

Man kann sich also leicht ausmalen, wie ich die Leistungen eines Restaurants wie des «L'Auberge du Pont de Collonges» in Collonges-au-Mont-d'Or bei Lyon einstufte, das von Paul Bocuse geleitet wurde. Von 1965 bis 2019 wurde es ohne Unterbrechung mit drei Michelin-Sternen ausgezeichnet. Eine wirklich starke Leistung! In Deutschland erhielt die «Schwarzwaldstube» im Hotel Traube Tonbach in Baiersbronn 1992 das erste Mal drei Michelin-Sterne und konnte diese bis zum Brand im Jahr 2020 jedes Jahr verteidigen: Das ist eine Leistung, als hätten sie 28-mal hintereinander den Mount Everest bestiegen. Chapeau!

Am höchsten Berg der Welt sind weit über 300 Menschen ums Leben gekommen. Das Matterhorn forderte schon mehr als 500 Menschenleben. Und auch die Spitzengastronomie hat ihre Opfer: Schlagzeilen machte der Tod des jungen Star-Kochs Martin Sten Bentzen aus Dänemark. Er hatte zuletzt als Chefkoch im Restaurant «Napa Winebar and Kitchen» in Shanghai gearbeitet und war nach einem üblichen 15-Stunden-Arbeitstag im Alter von 32 Jahren an einem Herzinfarkt gestorben. Als sich der französisch-schweizerische Spitzenkoch Benoît Violier 2016 das Leben nahm, überschlugen sich die Berichte der Medien. Wie konnte das nur passieren? Hatte er nicht alles erreicht, was man als Koch erreichen kann? Koch des Jahres, 1. Platz im Wettbewerb «Mille tables d'exception» – beste Adresse der Welt, 19 Punkte beim *Gault&Millau,* drei Sterne beim *Guide Michelin* und dazu die Auszeichnung als *Meilleur Ouvrier de France,* als Bester Handwerker Frankreichs!

Doch wer besteigt Jahr für Jahr den Mount Everest, ohne ernsthaft Schaden an Leib und Seele zu nehmen?

Da sind die nicht enden wollenden Arbeitstage. Da sind der Druck und die finanziellen Sorgen, weil Spitzengastronomie in der Regel mehr Geld kostet, als sie abwirft.

Der französische Starkoch Sébastien Bras vom «Le Suquet» in Laguiole gab 2018 aus diesen Gründen freiwillig seine drei Sterne im *Guide Michelin* zurück. Zwei-Sternekoch Marc Veyrat verriet im Interview mit der Zeitung *Le Point,* wie er in eine Depression geriet, nachdem ihm der dritte Michelin-Stern weggenommen worden war, weil er in einem französischen Soufflé britischen Käse verwendet haben soll.

Wie erging es mir in der Welt der Kochmützen und Sterne? Eines Tages betrat ein elegant gekleideter Herr die «Krone». Er reichte Therese seine Visitenkarte, die ihn als Mitglied der Redaktion des *Guide Michelin* auswies, und fragte höflich, ob er mich sprechen könne. Ich war wie immer in der Küche beschäftigt, wo ich mich nicht gerne stören lasse. Doch für diesen Besucher machte ich natürlich eine Ausnahme! Und, ich erinnere mich noch gut, diese Ausnahme machte Freude. Mein Gesprächspartner verstand nicht nur viel von Essen und Trinken, sondern war in allen Dingen bewandert, die eine hervorragende Küche ausmachen. Als Koch merkt man schnell, ob man es mit jemandem zu tun hat, der sich wirklich auskennt, oder ob es sich nur um Augenwischerei handelt.

Der Abgesandte vom *Guide Michelin* interessierte sich für meinen Werdegang, meine Philosophie einer ausgezeichneten Küche und dafür, wer in der Küchenbrigade seinen Teil zum täglichen Erklimmen der steilen Berge beitrug. Auch der Service, der allgemeine Verlauf der Geschäfte und unser persönlicher Blick in die Zukunft waren Teil des Gesprächs. Dabei hatte ich es noch nicht einmal mit dem Tester zu tun. Vielmehr prüfte mein Besucher, ob es sich lohne, einen vorbeizuschicken.

Als er sich zum Gehen wandte, stand sein Entschluss fest: «Irgendwann in nächster Zeit wird Sie ein Tester inkognito besuchen», sagte er.

Irgendwann in nächster Zeit? Ist das morgen oder übermorgen? In der kommenden Woche oder in einigen Monaten? Einem Koch mit Ambitionen schlägt von dem Augenblick an der Puls noch höher, als er es ohnehin schon tut. Auch über das «Inkognito» machten wir uns Gedanken: Erkennt man den Tester des *Guide Michelin*? Kommt er allein, kommt er in Begleitung? Wahrscheinlich allein, oder? Wenn das der Fall ist, stehen von nun an alle Einzelgäste unter Generalverdacht, dieser Tester zu sein? Oder ist es vielleicht eine Testerin? Fragen über Fragen! Wir kamen zum Schluss, dass wir am besten *business as usual* betreiben und jeden Tag die beste Leistung abrufen würden.

Einige Zeit ging ins Land, dann war es so weit. Neben einer beglichenen Rechnung lag diskret die Visitenkarte vom Guide Michelin. Als man sie mir in die Hand drückte, fuhr mir ein ordentlicher Schreck in den Kochlöffel. Es war mir, wie wenn's am Straßenrand plötzlich «blitzt». Es gibt kein Zurück und keine Korrektur. Das Foto ist im Kasten. Basta! Der Blick fliegt zum Tacho und im Bruchteil einer Sekunde analysiere ich: Wie schnell hätte ich fahren dürfen? Wie hoch wird voraussichtlich die Buße sein? Oder ist sogar der Führerschein weg?

Ich trommelte das gesamte Team zusammen, und wir ließen minutiös Revue passieren, was rund um den Tisch des Testers passiert war. Was hatte er auf dem Teller gehabt, und wie war es zubereitet und arrangiert gewesen? War im Service alles glattgegangen, oder hatte es hie und da kleine Schnitzer gegeben? Was hatte er getrunken, und hatte jemand beobachtet, ob es ihm schmeckte?

Es ist tatsächlich wie bei der Besteigung des Mount Everest: Der kleinste Fehlgriff kann dafür sorgen, dass der Traum vom Gipfelglück beendet ist. Dazu kam, dass wir von nun an bis zur Erscheinung der neuen Ausgabe des *Guide Michelin* zittern mussten.

Ein paar Tage, bevor es so weit war, hielten wir die Spannung kaum noch aus. Wo bekam man das rote Büchlein her? Gab es Leute, die besser informiert waren als andere und schon Gerüchte aufgeschnappt hatten? Als ich den *Guide Michelin* endlich in Händen hielt und darin blätterte, fielen mir tonnenweise Lasten ab. Alle Mühe hatte sich gelohnt. Da war es schwarz auf weiß: Über der «Krone» in Bätterkinden leuchtete ein Michelin-Stern. Seit fünf Generationen war das Gasthaus jetzt in Familienbesitz – nun hatte ausgerechnet ich mich in den Gastrohimmel gekocht! Dabei hatte ich ursprünglich gar nie in der Küche stehen wollen. Doch das war Schnee von gestern. Jetzt war eingetreten, was ich nie zu träumen gewagt hatte: Wir waren eines der damals raren Schweizer Sterne-Restaurants geworden.

Zusammen mit Therese und unserem Team freute ich mich über die Auszeichnung. Sie war ein Lob für das Erreichte und gleichzeitig Ansporn für alles, was wir noch erreichen wollten. Der Stern war die Aufforderung, die nächste Besteigung des Matterhorns in Angriff zu nehmen. Wie es der legendäre deutsche Fußball-Nationaltrainer Sepp Herberger formuliert hat: «Nach dem Spiel ist vor dem Spiel.» Das gilt auch für die Sterne-Gastronomie.

Ein Jahr später folgte die nächste Ausgabe. Wieder bewegten uns viele Zweifel und Fragen: Konnten wir unseren Stern halten? Konnten wir womöglich einen oder zwei dazugewinnen? Oder haben wir alles wieder verloren – was Absagen enttäuschter Gäste, bissige Kommentare in den Medien und das Getuschel der nicht so wohlmeinenden Konkurrenz mit sich gebracht hätte. Für manche Restaurants führt der Verlust von Sternen zum Konkurs, für manche Köche ist es ein Knick in der Karriere oder gar ihr Ende.

Doch wieder durften wir erleichtert aufatmen. Wir hatten unseren Stern gehalten!

Therese ging in den Weinkeller und fand ein zum Anlass passendes Tröpfchen. Als wir anstießen, erklangen die Gläser in perfekter Harmonie.

Pochiertes Ei auf Trüffelpüree

Das Rezept für eine winterliche Vorspeise aus unserer «Gourmet-Zeit»: einfach, aber köstlich – für Gaumen und Geldbeutel.

Ich habe jeweils die Burgunder- oder Wintertrüffel verwendet, weil mir eine distinguierte Signora diese während der Saison jeden Monat direkt aus dem Piemont nach Bätterkinden brachte. Die Qualität war 1-a und der Preis erträglich.

Für 4 Personen benötigen Sie:

2 Scheiben Toastbrot

Butter geschmolzen, zum Bepinseln

Rinde vom Toastbrot wegschneiden, in ca. 1 cm breite Streifen schneiden.

Diese mit geschmolzener Butter bepinseln, im Ofen bei 160 °C ca. 15 Min. goldgelb backen. Warmstellen.

Püree

75 g Burgunder- oder Wintertrüffel

100 g mehlig kochende Kartoffel

50 g Madeira

70 g Rahm

70 g Butter

Salz

- Trüffel waschen, wenn nötig, mit der Bürste schrubben, damit kein Sand in der Rinde hängen bleibt.
- Kartoffel in Salzwasser garkochen, abschütten, durch Kartoffelpresse drücken, warm stellen.
- Trüffel fein hacken.

- Madeira und Rahm in kleiner Kasserolle aufkochen.
- Trüffel beigeben, auf max. 60 °C erhitzen, vom Feuer nehmen.
- Butter in einer Pfanne leicht haselnussbraun werden lassen, nach und nach einrühren.
- Pürierte Kartoffeln einrühren
- Mit Salz abschmecken.

Pochierte Eier und Beilage

4 frische Eier

100 g Weißwein-Essig

Trüffelscheiben und Kerbel zum Garnieren

- 1 l Wasser mit dem Essig, aber ohne Salz aufkochen, Temperatur auf knapp unter Siedepunkt reduzieren.
- Die Eier eines nach dem andern in eine Tasse aufschlagen, ohne die Dotter zu verletzen, und vorsichtig ins Wasser gleiten lassen.
- Je frischer die Eier, je schöner umhüllt das Eiweiß das Eigelb. Wenn nötig, mit zwei Kochlöffeln nachhelfen.
- 4–5 Min. knapp unter dem Siedepunkt ziehen lassen.
- Mit einer Schaumkelle die Eier aus dem Wasser heben und auf Küchenpapier abtropfen, salzen, warmstellen.

Anrichten

Trüffelpüree in vorgewärmte Teller verteilen, Eier daraufsetzen, mit den Röstbrotstäbchen, den Trüffelscheiben und mit Kerbel garnieren.

So wie das Make-up die natürliche Schönheit der Frauen unterstreichen soll, ergänzen Gewürze die natürlichen Aromen von edlen Rohprodukten. In beiden Fällen gilt: Lieber dezent als üppig verwenden, gemäß dem alten Spruch: «Weniger ist mehr!»

Rahm und Butter sind übrigens ausgezeichnete Geschmacksträger, die das Aroma aufnehmen und verfeinern.

Das Fest

Ob meine Vorfahren Jakob und Stephan Hubler jemals darüber nachgedacht haben, wie sich ihre Gaststube entwickeln würde, als sie diese 1838 eröffneten? Frage ich mich selbst, was meine Nachfahren in 100, 120 oder 150 Jahren tun? Ob es die Welt, wie wir sie kennen, dann überhaupt noch gibt?

Oft sind wir von dem, was Neues passiert, geradezu überwältigt. Das war damals bestimmt auch nicht anders. Im selben Jahr traf die Sirius, das erste Dampfschiff, aus Europa im Hafen von New York ein. Motoren lösten von Wind geblähte Segel ab. Eine völlig neue Epoche brach an. Die Art und Weise, mit der sich Menschen seit ewigen Zeiten übers Wasser bewegten, sollte nun der Vergangenheit angehören? Erste Segelschiffe gab es bereits 3500 Jahre vor Christus. Nun hatte ein Dampfschiff die Reise über den Atlantik in der Hälfte der Zeit eines großen Windjammers geschafft, des schnellsten Segelschiffs der Welt. Was für ein gewaltiger Umbruch!

Ob meine Vorfahren diesen mitbekamen? Sicher! Das Wirtshaus von Jakob und Stephan Hubler lag schließlich an der Kreuzung zweier gut frequentierter Straßen. Und Reisende bringen Neuigkeiten. Schon seit dem Mittelalter führten Handelswege durch diese Gegend wie die viel benutzte von Solothurn nach Bern, nach Thun, über Grimsel- und Furka-Pass zum Gotthard. Oder die Route über Montreux zum Großen St. Bernhard und Simplon nach Italien. Bätterkinden lag alles andere als abseits vom Schuss. Anders wäre es der Familie Hubler auch nicht gelungen, über all die Generationen hinweg das Gasthaus zu erhalten.

Ich hatte die Ehre, 1988 unser 150-jähriges Jubiläum auf der «Krone» zu feiern. Doch, halt! Konnte ich mir sicher sein, dass dies alles seine Richtigkeit hatte? Ich machte mich auf die Suche nach einem amtlichen Stück Papier, unterzeichnet von meinen Vorfahren. Vom Keller bis zum Dachboden durchwühlte ich Schränke und Schubladen. Dabei kam einiges zum Vorschein, was ich dort nicht vermutet hätte – doch nicht das, was ich suchte.

Die «Krone» war mittlerweile zu berühmt, als dass ich es darauf ankommen lassen wollte, ein Jubiläum zu feiern, das am Ende keines war. Ich beauftragte einen Ahnenforscher, der sich gekonnt ans Werk machte. Er wühlte sich durch uralte Dokumente, Pläne und Übersetzungen und kam eines Tages triumphierend zu mir.

«Das ist der Kaufvertrag von 1838», sagte er. «Mit Unterschriften und dem amtlichen Siegel. Jetzt steht Ihrem Jubiläumsfest nichts mehr im Weg.»

Therese und ich waren uns schnell darüber einig, wie wir feiern wollten. Keine offiziellen Gäste. Keine Leute von der Regierung. Keine Gemeinderatspräsidenten. Keine Vertreter vom Berufsverband. Keine Promis. Es sei denn, sie kämen privat. Was wir wollten, war ein Freudenfest. Und unser Freudenfest begann mit einem Kinderfest.

«Herzliche Einladung zum Dorf-Kinderfest» stand auf den Prospekten, die wir in allen Schulen in Bätterkinden und den Nachbardörfern verteilten. Wir hatten an alles gedacht: ein Festzelt, ausgerüstet mit allen Arten von Spielen und Spielzeug. Ein BMX-Parcours gleich hinterm Haus. «Tankstellen» mit Cola und Hot Dogs. Und dazu siebzig motivierte Helferinnen und Helfer, die an diesem Tag für die Kinder da waren.

Nur Petrus wusste offenbar noch nichts vom großen «Krone»-Kinderfest: Am Tag davor und die ganze Nacht hatte er seine Schleusen geöffnet, und ich hegte schon die Befürchtung, dass wir Schwimmreifen ausgeben müssten.

Doch auf den Himmel ist Verlass, und das war auch an diesem Tag nicht anders. Vom frühen Morgen an strahlte die Sonne mit den Kindern um die Wette. Wir hatten ein Lied komponiert, das den ganzen Tag zu hören war – selbst als die Kinder gemeinsam Spaghetti kochten und Pfannkuchen backten. Es war wie im Zirkus – und ich liebte es: Die Jungs kurvten auf Hochrädern und Tandems über das Gelände, liefen auf Stelzen, die Mädchen schminkten und verkleideten sich. Alle trafen sich in der Märchenstube, beim Malen mit einer Malmaschine made in Switzerland, und im Computer-Atelier, wo sich jeder ein eigenes Porträt gestalten und ausdrucken konnte. Genauso hatten wir es uns vorgestellt: leuchtende Kinderaugen und fröhliches Lachen – und natürlich einen ordentlichen Appetit. Bei Hot Dog Nr. 980 und Pfannkuchen Nr. 400 hörte ich auf zu zählen.

Denn jetzt rief mich das Luftballonsteigenlassen. Es gab einen Preis, den jeder gerne gewinnen wollte: einen Rundflug über die Alpen. Sieger war, wessen Postkarte aus dem am weitesten entfernten Ort zurückgeschickt wurde. Als eine ganze Wolke bunter Ballons in den Sommerhimmel stieg, sahen Therese und ich uns vielsagend an. Für diesen Moment hatte sich alles gelohnt! Der jahrelange Stress, der auf uns lastete, stieg auf einmal mit in den Himmel. Würde er genauso weit fliegen wie die Ballons? Die meisten reisten gen Ost, einer sogar bis in die Tschechoslowakei. Nur ein Ballon überquerte die Alpen und wurde am Strand von Jesolo in der Nähe von Venedig gefunden.

Das war ausgerechnet der von unserer Tochter Barbara, die damals eineinhalb Jahre alt war. Wir nahmen das als Hinweis, dass ihr Leben eine ganz besondere Richtung nehmen würde, und so ist es auch gekommen, wie sie in ihrem Buch «Weil jeder Atemzug zählt» berichtet.

Mit den Ballons flatterten uns noch zwei weitere berührende Geschichten ins Haus: Die Ballons kümmerten sich nicht um den damals noch bestehenden Eisernen Vorhang zwischen dem Westen und dem Machtbereich der Sowjetunion. Einer landete in der DDR, woraus ein Briefwechsel entstand mit der Finderin, einem Teenager von 15 Jahren. Eines Tages luden wir sie ein. Noch bevor die Mauer fiel, kam sie zu uns in die Schweiz. Es waren eine Menge Eindrücke, die sie zu verarbeiten hatte.

Einen weiteren Ballon hatte es nach Polen getrieben. Auch hier entstand ein jahrelanger Kontakt. Wir schickten Pakete zu Weihnachten an den Finder und regelmäßig Insulin für seinen zuckerkranken Vater.

Weil es so schön war, feierten wir kurz danach weiter, einmal mit den Mitarbeitern und einmal mit Familien und Freunden. Jeder von ihnen hatte seinen Teil dazu beigetragen, dass die «Krone» zu dem geworden war, was sie war: ein Höhepunkt auf der gastronomischen Landkarte der Schweiz. Weil Zeit unser wertvollstes Gut ist, insbesondere in einer arbeitsintensiven Branche wie der unseren, ließen wir uns etwas ganz Besonderes einfallen. Nach einer Schiffsrundfahrt auf dem Bielersee tauchten plötzlich zwei Fallschirme am Himmel auf. Die Profi-Springer landeten punktgenau mitten unter uns – und hatten für jeden Mitarbeiter eine eigens designte Uhr mit einem «Krone»-Zifferblatt dabei.

Die Feier mit Familie und Freunden begann mit einem Dankesgottesdienst in der Kirche von Bätterkinden. Im Anschluss gab es für Therese und mich eine Premiere: Wir waren zu Gast in unserem eigenen Haus. Das Küchen-Team hatte es sich nicht nehmen lassen, an diesem Tag für uns zu zaubern. Und auch wenn mein kleiner Kritiker nie Ruhe geben will – an diesem Tag hatte er nichts zu melden. Alles war perfekt!

Es gab nur eine Sache, die mir in der Zeit nach den Feierlichkeiten nicht mehr aus dem Kopf gehen wollte: Ich hatte meinen damaligen Seelsorger David McKee darum gebeten, den Dankgottesdienst zu halten. Damals war er Pfarrer in Twann, einem Städtchen am Nordufer des Bielersees. Doch für den Dankgottesdienst kam McKee in die Kirche nach Bätterkinden.

Für den besonderen Anlass wählte er das Lied «Wer nur den lieben Gott lässt walten». Melodie und Text wirkten so gar nicht freudvoll auf mich. Vielmehr hinterließ es einen schwermütigen Eindruck, so dass ich mich fragte: «Warum, um alles in der Welt, hat David McKee ausgerechnet dieses Lied ausgesucht?» Darin ist von schweren Sorgen die Rede, von Kreuz und Leid und Traurigkeit, und es gibt den Reim «Wer Gott dem Allerhöchsten traut / Der hat auf keinen Sand gebaut».

An jenem Tag erschien mir dieses Lied völlig unpassend. Es sollten genau sieben Jahre ins Land gehen, bis ich es verstand. Was dann passierte, sorgte dafür, dass ich das Lied auswendig lernte. Es sollte mir in den dunklen Stunden, die noch kommen würden, dabei helfen, den Blick auf meinen himmlischen Vater zu richten und daraus neue Kraft und Zuversicht zu schöpfen.

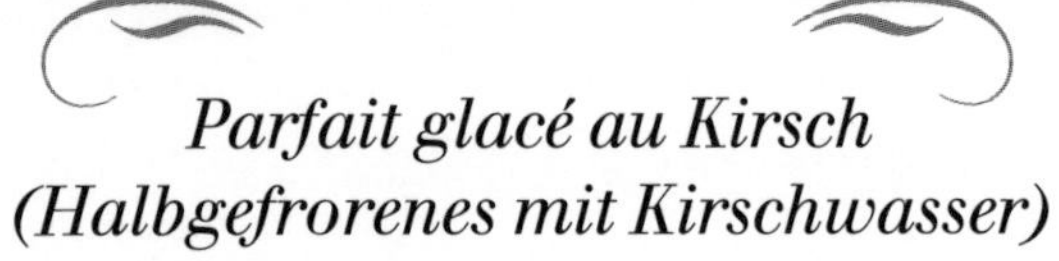

Parfait glacé au Kirsch (Halbgefrorenes mit Kirschwasser)

Es gibt viele Rezepte für Parfait glacé, aber bestimmt kein besseres als dieses! Mein Vater hatte es von einem Freund und bekannten Pâtissier bekommen. Zu diesen Zeiten war es in der «Krone» – serviert mit Amarena-Kirschen und einem Bricelet – *das* Dessert schlechthin. Ich verwende anstelle von Kirschwasser manchmal Whisky oder andere Spirituosen und baue es gerne in Eistorten oder die legendäre «Eisbombe Whisky» ein.

Für 40 Portionen benötigen Sie:

360 g	Zucker
100 g	Wasser
10	Eiweiß
40 g	Zucker
200 g	Zucker
200 g	Milch
10	Eigelb
300 g	Kirschwasser
2 kg	Schlagrahm (2 l Rahm, geschlagen)

- Es werden zwei Massen zubereitet, eine mit Eiweiß, die andere mit Eigelb.

1. Masse (Meringue italienne)

- 360 g Zucker mit Wasser auf 115 °C kochen. Eiweiß mit 40 g Zucker zu Schnee schlagen, den heißen Zuckersirup langsam (im Faden) einlaufen lassen, kaltrühren.

2. Masse

- 200 g Zucker mit der Milch auf 105 °C kochen. Eigelb verrühren und die Zuckermilch langsam einlaufen lassen, kaltrühren.
- Erst wenig, dann nach und nach die ganze zweite Masse unter die erste Masse heben. Erst wenig, dann nach und nach die gemischte Masse unter den Schlagrahm heben. Kirschwasser peu à peu sorgfältig unterheben, in Formen abfüllen und diese mit Folie abdecken. Im Tiefkühler durchfrieren lassen. Form kurz in kaltes Wasser tauchen, Parfait stürzen und nach Belieben garnieren. Je größer die Menge, desto besser gelingt es.

Wenn Leidenschaft Leiden schafft

Mittlerweile hatte ich ausreichend Erfahrung gesammelt, um jede Herausforderung in der Küche meistern zu können, wozu auch die Sonderwünsche mancher Gäste gehörten. Weil jedoch die «Krone» nicht in Zürich oder Bern lag, wo ein städtisches Publikum gerne kulinarische Streifzüge unternimmt, war es nicht ganz leicht, ein anspruchsvolles Publikum den Weg zu uns finden zu lassen.

Ein besserer Standort wäre in der französischsprachigen Schweiz gewesen, in Genf oder Lausanne, wo die Besucher der Restaurants experimentierfreudiger sind. Da wir aber waren, wo wir waren, nämlich auf dem platten Land, wie man das in Deutschland nennen würde, machten wir das Beste daraus: Wir verbreiteten unseren guten Ruf, dass die «Krone» einen Stopp, einen Umweg oder sogar eine Reise wert ist, ganz im Sinn des *Guide Michelin.* Wir freuten uns, als eines Tages extra ein Ehepaar von der Goldküste die Reise zu uns unternahm.

Allerdings nicht die Goldküste, an die Sie vielleicht denken. Gemeint ist das rechte Ufer des Zürichsees, wo Orte wie Zollikon oder Küsnacht liegen – das nicht zu verwechseln ist mit Küssnacht am Rigi, wo Friedrich Schiller den Wilhelm Tell weltberühmt machte. Die Orte an der Goldküste müssen sich jedoch auch nicht verstecken. Den Namen hat dieses Gebiet durch die vielen Sonnenstunden, die man hier genießen kann, und dadurch, dass es vor allem das herrlich goldene Licht der Abendstunden ist, das sie erleuchtet. Die Menschen hier sind wohlhabend, um nicht zu sagen: reich. Schaut man die Immobilienpreise an, wird schnell deutlich, dass man schon ein bisschen mehr Geld auf der hohen Kante haben muss, wenn man hier leben will.

Von dort jedenfalls kam regelmäßig ein Feinschmecker-Ehepaar zu uns in die «Krone». Sie waren durch eine Empfehlung auf uns gestoßen. Diese hatte einer unserer treuesten Fans ausgesprochen. Dieser wunderbare Gast ließ mir sogar einmal zum Geburtstag in der Zürcher Confiserie Sprüngli eine Torte in Form eines Samtkissens mit darauf drapierter Krone herstellen und mit dem Taxi anliefern. Da verstand es sich von selbst, dass ich besonders aufmerksam war, als er uns dem Ehepaar empfahl. Konnte ich möglicherweise besondere Wünsche erfüllen? Genau darum sollte es gehen.

Das Ehepaar, das auf Empfehlung kam, war bereits im gesetzteren Alter, aber immer noch sehr verliebt. Dafür bekommt man in der Gastronomie rasch ein Gespür. Paare, die sich über ihre Mahlzeit hinweg anschweigen oder sich lieber mit dem Handy beschäftigen, sind keine Einzelfälle. Das war bei den beiden anders. Sie hatten sich noch immer was zu sagen und taten es auf liebenswürdige Art und Weise. Ihre Garderobe und ihr Schmuck waren teuer, aber nicht protzig. Das Gleiche galt für den Wagen, mit dem sie vorfuhren.

Ihr Anruf kam jedes Jahr pünktlich zum Ende der Sommersaison.

«Suchen Sie uns wieder einen schönen Fasan aus?»

«Mit Vergnügen.»

Das war ihr besonderer Wunsch: ein Fasan im Federkleid, abgehängt, bis er seinen ausgeprägten «Hautgout» entwickelt.

Wie ich bald erfuhr, war es der Wunsch der Frau, und dem Mann machte es jedes Jahr wieder eine besondere Freude, ihr dieses etwas ausgefallene Geschmackserlebnis zu ermöglichen.

Tatsächlich ist es keine alltägliche Speise. Hinter dem Begriff *Hautgout* – auf Deutsch übersetzt: «hoher Geschmack» – verbirgt sich eine kulinarische Besonderheit: Wird Fasan oder Schnepfe länger abgehangen, entsteht ein intensiver süßlicher Geruch, der nicht jedermanns Sache ist. Im Gegensatz zu Wasservögeln wie Wildenten, die giftig werden, wenn sie verwesen, ist das Abhängen bei Fasan und Schnepfe möglich – wenn man die Regeln beachtet: Das Federkleid bleibt dran und die Innereien bleiben drin, da sich sonst im offenen Körper Bakterien bilden würden. Außerdem muss das Abhängen bei kühlen Temperaturen erfolgen. Dann aber kann der *Hautgout* entstehen, wenn sich das Fleischeiweiß zersetzt und den Beginn des Fäulnisprozesses einleitet. In der Regel lässt man es heute nicht mehr so weit kommen – doch wenn es ums Essen und Trinken geht, gilt es manchmal auch bestehende Regeln zu brechen. Einige Gourmets schätzen den *Hautgout* als besondere Würze. Darüber wurden schon Bücher verfasst wie der Klassiker der Kochkunst «La Physiologie du Goût» von Jean Anthelme Brillat-Savarin aus dem Jahr 1825. Was ist darin zu lesen? Dass der Fasan einen ausreichenden Reifegrad hat, wenn er, an den Schwanzfedern aufgehängt, irgendwann von alleine herunterfällt.

Hatte der Fasan die von unserem Ehepaar gewünschte Reife erreicht, rupfte ich ihn, zog fachgerecht die Sehnen aus den Keulen und bereitete ihn nach allen Regeln französischer Kochkunst zu. Diese Zeremonie war Chefsache, aus zwei Gründen: Den Gestank beim Rupfen und Ausnehmen wollte ich keinem anderen in der Küchenbrigade zumuten. Das Zubereiten wiederum traute ich auch sonst niemandem zu, weil die Sache ein wenig knifflig ist.

Unsere Gäste trafen stets am Samstagmittag ein. Das waren die wenigen Stunden, in denen es ruhig zuging in der «Krone», was perfekt ist für ein kulinarisches Tête-à-Tête, bei dem der intensive Geruch der Speise eine nicht unerhebliche Rolle spielt. Zwar ist dieser Geruch des Fasans nach dem Garen nicht heftiger als der eines Fondues oder von reifem Käse. Doch auch das kann für empfindlichere Nasen schon unangenehm sein. Daher stand am Samstagmittag unserem turtelnden Ehepaar ein Separee zur Verfügung, und das Fest konnte beginnen. Daran nahmen wir alle Anteil, weil die Romantik, die dem Anlass innewohnte, uns berührte.

Heute kann ich nicht mehr genau sagen, wie oft sich das Ritual wiederholte. Es hatte einiges gemeinsam mit dem beliebten Sketch «Dinner for One oder Der 90. Geburtstag» mit Freddie Frinton und May Warden, in dem der Satz «The same procedure as last year» – der gleiche Ablauf wie im vergangenen Jahr – eine wesentliche Rolle spielt. Nur dass es eben ein Dinner for two war.

Nach vielen Jahren dann geschah es: Nach dem Essen schob die Dame den Stuhl etwas zurück und richtete das Wort an ihren Gatten.

«Weißt du, Schatz», sagte sie. Man sah, dass sie etwas auf dem Herzen hatte. Sie rang nach Worten. «Um ehrlich zu sein, mag ich diesen Fasan nicht besonders. Vor allem nicht den Hautgout!»

Verdutzt schaute der Mann sie an: «Aber Schatz, Jahr für Jahr fahren wir extra hierher, damit du dieses besondere Essen genießen kannst. Ich mochte den Geschmack ohnehin nie. Warum hast du denn all die Zeit nichts gesagt?»

«Weißt du, mein Schatz», sagte sie etwas verlegen, «ich habe gesehen, wie viel Freude es dir bereitet, mir dieses außergewöhnliche Erlebnis zu ermöglichen. Ich habe es einfach nicht übers Herz gebracht, es dir zu verderben.»

Endlich war es raus, was ihr wer weiß wie lange auf der Seele gelastet hatte.

Der Mann war ganz ein Gentleman der alten Schule. Er lächelte seine Frau an, dann wandte er sich an mich.

«Was könnten Sie uns denn zukünftig empfehlen?», fragte er.

✦ ✦ ✦

Es war eine große Herausforderung, Tag für Tag das hohe Niveau zu halten. Wie in jeder Gourmetküche gab es deshalb auch bei uns eine Instanz, die für die Endkontrolle jedes Tellers verantwortlich war, der die Küche in Richtung Gastraum verließ. Im «Schweizerhof» war es Ernesto Schlegel gewesen, der diese Aufgabe innehatte, in «Badrutt's Palace Hotel» Guido Jäger, und bei uns in der «Krone» war ich es. Das ist in der Industrie auch nicht anders. Wer einmal einen Blick in die Manufaktur eines Schweizer Uhrenherstellers wie Rolex, Breitling, Tissot oder Greubel Forsey wirft, weiß, wie wichtig diese letzte Kontrolle ist, wenn es um Ultrapräzision geht. So wie ein Uhrmacher mit dem *My,* dem tausendstel Millimeter, vertraut ist, ist ein Spitzenkoch mit der absoluten Präzision auf dem Teller vertraut. Was nicht passte, wurde von mir korrigiert oder mit einem Hinweis in die Küche zurückgeschickt. Dafür legte ich mir einen Maßstab zurecht, den ich mir von unserem Schulsystem abschaute: In der Schweiz bedeutet die Note 6,0 eine ausgezeichnete Leistung. Die Note 5,5 ist sehr gut, die Note 5,0 gut. Eine 6,0 konnte ich in der Hitze des Gefechts nicht immer verlangen – doch alles, was nicht wenigstens der Note 5,0 entsprach, ging mit einem ZS an den entsprechenden Koch zurück. Was ein ZS ist, hat jeder Schüler irgendwann erlebt: ein Zusammenschiss mit allem Drum und Dran.

Wenn in einer hochklassigen Küche wie dem «Schweizerhof» oder dem «Palace Hotel» ein Koch ausfällt, sitzen – umgangssprachlich gesagt – genug gute Leute auf der Ersatzbank, die der Chef einwechseln kann. Das war in einem kleinen Betrieb wie unserem nicht der Fall, was sich als echtes Problem entpuppte. Fiel bei uns ein Koch aus, musste ich seinen Posten übernehmen. Dann konnte ich aber nicht mehr jedes Gericht, das die Küche verließ, der strengen Kontrolle unterziehen. Mangelnde Kontrolle kann einen den gerade erworbenen Stern schnell wieder kosten, weil das Sprichwort gilt: Vertrauen ist gut, Kontrolle ist besser.

Ich verglich diese Situation gerne mit Fußball. Wer kann sich schon ein Spiel vorstellen, in dem einer Mannschaft der Torhüter fehlt? So sah ich meine Position als Chef. Es ist normal, dass einem Koch in der Hitze des Gefechts mal ein kleiner Fehler unterläuft, schließlich sind wir Menschen. Diese kleinen Fehler waren «Schüsse auf mein Tor». Ich konnte sie abfangen, sofern ich drinstand. War das nicht der Fall, weil ich am Herd aushelfen musste, zappelte der eine oder andere Ball im Netz.

Der Gast merkte das in der Regel gar nicht. Was aber, wenn gerade an diesem Tag der anonyme Tester des *Guide Michelin* am Tisch sitzt? Dieser ständige Stress zerrte gewaltig an meinen Nerven. Ich machte mir immerzu Sorgen, ob wir jeden Gast optimal bedienten. Selbst in Zeiten, in denen mal weniger los war, gelang es mir nicht, ein paar Gänge runterzuschalten, weil ich sofort

Flüchtigkeitsfehler befürchtete. Um noch einmal den Vergleich mit den Meistern der Uhren-Herstellung zu bemühen, von denen so viele ganz in der Nähe der «Krone» im Schweizer Jura zu Hause sind: Dort braucht man eine extreme Konzentrationsfähigkeit, um beispielsweise die wenige Millimeter kleinen Schräubchen unterm Mikroskop zu bearbeiten oder einen Zeiger mit der Pinzette ins Werk einzujustieren. Stehe ich in der Küche, habe ich mir sagen lassen, gebe ich ein ähnlich konzentriertes Bild ab.

Immer wieder wird in der Spitzengastronomie darüber diskutiert, wie subjektiv das Urteil der Tester ist. Darüber machte ich mir wenig Gedanken, weil die Subjektivität in der Natur der Sache liegt. Ein Musikkritiker, der eine Uraufführung des Opernhauses Zürich am Sechseläutenplatz besucht, um darüber in den Zeitungen zu berichten, legt auch seinen eigenen Wertestab an. War nicht in Deutschland Marcel Reich-Ranicki der einflussreichste Literaturkritiker seiner Zeit und sein Verdikt geradezu vernichtend für einige Schriftsteller? Auch im Sport und im Showgeschäft schreiben Kritiker Stars «hinauf» oder «hinab». Es ist auch eine Frage des Glücks – oder des Pechs –, wie der Kritiker am Tag seines Besuches gelaunt ist. Stand er mit dem falschen Fuß auf? War seine Anreise stressig? Hatte er in der Redaktion oder zu Hause Ärger? Ist er in der Lage, alles Persönliche auszublenden, um seine Arbeit ohne Einfluss von außen zu machen? Wir sind Menschen, und wo diese wirken, menschelt es.

Es gibt jedoch einige Faktoren, die unmissverständlich darauf hinweisen, was der Besucher in einem Restaurant erwarten kann. Das beginnt mit der Speisekarte: Finden sich dort Wiener Schnitzel, Seezunge an Kräuterschaumsauce, Nasi Goreng und Bratwurst, klingeln bei mir die Alarmglocken. Nichts gegen diese Gerichte. Die können durchaus munden.

Sherlock Holmes würde seinen Doktor Watson fragen: «Und welche Schlüsse, lieber Watson, ziehen Sie anhand dieser Speisekarte mit Blick auf die Qualität der Küche?» Und Doktor Watson würde vermutlich antworten: «Die Küche gleicht einem Gemischtwarenladen, wo von allem etwas, aber nichts in guter Qualität geboten wird.»

Und immer noch gibt es Gasthäuser, in denen Maggi auf dem Tisch steht oder auch diese kleinen Ständer mit Geschmacksverstärkern wie Fondor. Wo ein Könner am Herd steht, sind Universalwürzmittel überflüssig. Ein gutes Salz und die Pfeffermühle genügen.

Angenommen, der Koch erwischt mal einen rabenschwarzen Tag, dann kann es passieren, dass die Garstufe verfehlt ist. Dass Beilagen schlecht abgeschmeckt sind. Dass die Sauce zu dick oder zu dünn wird. Selbst in Topküchen habe ich so etwas erlebt – und wenn sich dann zum Pech das Unglück gesellt, schmuggelt sich die Speise auch noch an der Endkontrolle vorbei. Nicht vorkommen dürfen dagegen misslungene Terrinen, Mousses, Feuilletés oder Sorbets, weil diese nicht *à la minute* zubereitet, sondern von langer Hand vorbereitet werden.

Ein wesentliches Indiz für das Niveau eines Gasthauses ist der Service. Da gibt es oft viel Luft nach oben. Es ist eine Kunst, Gäste so zu behandeln, dass sie sich weder belästigt noch vernachlässigt fühlen, sondern gut aufgehoben und freundlich umsorgt. Therese verstand es, den Service auf ein Niveau anzuheben, das den Ansprüchen unseres Hauses entsprach. So etwas lässt sich daran ablesen, ob aus diesen Gästen Stammgäste werden. Davon hatten wir viele.

✦✦✦

Natürlich war ich darauf bedacht, alle Schwierigkeiten zu umschiffen, die mit der Verleihung von Sternen und Kochmützen auf einen kleinen Betrieb wie unseren zukommen – allein, es sollte mir nicht gelingen. Was in einer Gourmetküche nie ein geflügelter Satz sein sollte – «Es kann auch des Guten zu viel sein» – geschah: Kaum hatten wir den siebzehnten Punkt und die dritte Kochmütze von *Gault&Millau* erhalten und gehörten zu den drei besten Adressen im Kanton Bern, brach der Umsatz ein. Und wie er das tat! Schlug ich die Zeitungen auf, konnte ich lesen, wie einmalig gut es sich bei Spitzenkoch Res Hubler in der «Krone» speisen ließ. Ging ich nach der schmeichelnden Lektüre in unsere gute Stube, sah ich leere Tische. Was war nur los?

Ich brauchte einige Zeit, um die Gründe zu analysieren, dann war die Sache klar: Plötzlich verbanden die Leute unseren Namen mit Exklusivität und hohen Preisen. Dabei hatte sich bei uns nichts geändert – außer dem Niveau. Konnten wir bisher damit rechnen, dass zahlreiche Firmen aus der Gegend bei uns ihre Feste feierten und Brautpaare ihre Hochzeit, holten sie sich jetzt nicht einmal mehr ein Angebot ein. Jubiläen, Geburtstage und andere Gelegenheiten, bei denen die «Krone» den schönen Rahmen geboten hatte, fanden auf einmal woanders statt. Darunter litt nicht nur unser Geschäft, sondern auch ich persönlich.

Aus welchem Grund strengten wir uns an, ohne uns jemals eine Auszeit zu gönnen? Doch nur, weil wir unseren Gästen das Beste bieten wollten. Wie es schien, wollten die Gäste das nicht mehr, oder, treffender gesagt, sie fürchteten sich davor, es sich nicht leisten zu können. Damals hatte ich viele schlaflose Nächte. Immer wieder sprach ich mit Therese darüber, was zu tun sei. Auch zog ich Menschen ins Vertrauen, auf deren Rat ich einiges gab. Die meisten kannten das Dilemma. Die «Krone» war schließlich nicht das erste und einzige Restaurant, das durch hohe Auszeichnungen in schwieriges Fahrwasser geriet. Bei uns machte sich der Standortnachteil draußen auf dem platten Land besonders bemerkbar. Menschen in ländlichen Regionen sind Veränderungen gegenüber weniger aufgeschlossen als Städter. Und natürlich veränderte sich die «Krone» durch die Bemühungen, es noch besser zu machen.

Dieses Problem war wie ein gordischer Knoten – bekanntermaßen sind diese nicht auf konventionelle Weise zu lösen. Tag für Tag zerbrach ich mir den Kopf darüber, wie ich es schaffen könnte, unser Restaurant zu füllen wie in den guten alten Tagen vor den Auszeichnungen.

Die Möglichkeit, den Kurs zu wechseln und «gutbürgerlich» zu kochen, verwarfen Therese und ich aus zweierlei Gründen. Einer war, dass uns dieses Label als Herausforderung nicht genügte. Der andere war rein praktischer Art: Ein Image umzubauen dauert wesentlich länger, als eines aufzubauen. Dafür gibt es viele Nachweise in der Branche. So gesellte sich zum Stress des Spitzenkochs der Stress, nicht in die roten Zahlen zu rutschen. Es lag durchaus im Bereich des Möglichen, dass auch ich an dieser fatalen Kombination zerbrechen könnte, so wie viele ambitionierte Kollegen auch.

Doch ich hatte zwei Stützen, auf die ich mich hundertprozentig verlassen konnte: Die eine war die Familie, die andere mein Glaube. Beide sorgten dafür, dass am Ende aus dem geschäftlichen Minus ein persönliches Plus wurde. Doch es war ein steiniger und steiler Pfad, und das im wahrsten Sinne des Wortes.

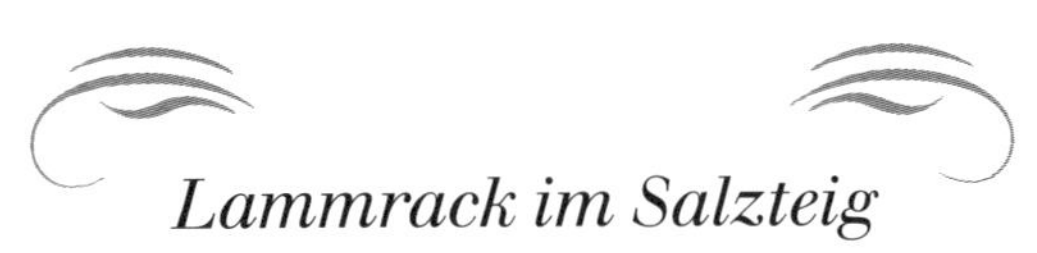

Lammrack im Salzteig

Dieses Gericht war der Dauerbrenner auf unserer Speisekarte. Sauce und Beilagen variierten nach Saison. Im Sommer z. B. servierten wir das Fleisch mit Olivenölemulsion, gebratenen Polenta-Schnitten und gegrillten Gemüsesorten. Zum Begriff: Kommen Lammkoteletts am Stück, nennt sich das «Rack».

Salzteig zum Einpacken von ca. 1 kg Lammrack

300 g Kochsalz
2 Eier
450 g Weißmehl
150 g Wasser
Getrockneter Thymian nach Belieben

- Alle Zutaten zu einem Teig kneten. In Klarsichtfolie eingepackt 24 Std. ruhen lassen.
- Pro Person 200 g Lammrack, ohne Knochen, aber mit Fett, leicht salzen und mit flüssiger Butter bepinseln. Salzteig circa 7 mm dick auswallen, Rack zusammen mit einem Zweig frischem Thymian darin einwickeln, Ränder andrücken, mit Ei bepinseln und mit der Gabel ein Muster darauf zeichnen.
- Im auf 200 °C vorgeheizten Ofen ca. 12 Minuten backen, bis die Kerntemperatur von 48 °C erreicht ist. Im Teig ruhen lassen, bis die Kerntemperatur 58 °C erreicht hat. Teig aufschneiden, Rack herausnehmen, tranchieren und servieren.

(Fortsetzung siehe nächste Seite)

Sauce

300 g gebundener Kalbsfond
30 g Rotwein
20 g Madeira
60 g Olivenöl extra vergine
Salz
Zitronensaft
Grüne Pfefferkörner, aus der Lake, zerquetscht
Frisch gezupfte Thymianblätter

- Kalbsfond, Rotwein und Madeira zusammen zur Hälfte reduzieren. Vom Feuer nehmen, das Olivenöl im Faden einlaufen lassen und dabei mit dem Stabmixer emulgieren. Sauce nicht mehr aufkochen. Mit Salz, Zitronensaft, grünem Pfeffer und Thymian würzen und abschmecken.

Bemerkung:
Wenn das Timing nicht klappt, das Rack bei Kerntemperatur 58 °C aus dem Teig nehmen und auf einem Gitter bei ca. 60 °C warm halten, bis das Gericht serviert werden kann.

Auf der Röti

In dieser belastenden Zeit half an manchen Tagen nur eines: Ich schnürte meine Wanderschuhe und machte mich auf den Weg in die Berge. Unweit von Bätterkinden erhebt sich die Röti, ein 1395 Meter hoher Aussichtspunkt in der südlichen Jurakette. Ich wähle immer den Aufstieg vom Balmberg her, den nur wenige gehen. Er ist steil und im Winter mit dem Schild «Gefährlicher Bergweg» gesperrt. Aber ich will nicht den einfacheren Wanderweg vom Weissenstein her einschlagen. Der «gefährliche Bergweg» passt besser zu mir.

Auf der Röti genießt man einen fantastischen Blick auf die Alpen, auf drei Seen und über die Jurahöhen bis nach Frankreich. Seit 1945 steht dort ein Kreuz. Es erinnert daran, dass die Schweiz von den schlimmsten Kriegsereignissen verschont geblieben ist. Dort oben liegt das Ziel von meinem persönlichen Pilgerweg. Wann immer ich die Nähe zu Gott besonders suche, gehe ich auf den Berg zum Kreuz, auch heute noch.

Was aber tun, wenn Wanderer vor Ort sind? Zum Beispiel die Touristen, die bis Weissenstein eine Gondel nehmen und dann gemütlich auf die Röti spazieren? Oder junge Leute, die eine Musikanlage aufstellen, um Rockmusik zu hören? Ich habe mich lange geschämt, vor all diesen Leuten vor dem Kreuz niederzuknien. Dann dachte ich an Petrus, der Jesus dreimal verleugnete. Ich dachte an Muslime, die sich nicht davor scheuen, ihren Gebetsteppich auszubreiten. Auf einmal merkte ich: Wenn es mir wirklich ernst ist mit dem Glauben, muss ich diese Hemmschwelle überwinden. Dann sollte ich mich hinknien, egal, wer mit auf der Röti ist. So machte ich es schließlich auch.

Die hohe Hemmschwelle, mich öffentlich zu meinem Glauben zu bekennen, hatte viel mit meiner Stellung als Spitzenkoch zu tun. Bereits mein Vater hatte mir bei jeder sich bietenden Gelegenheit klargemacht, dass der Glaube und die Art und Weise, wie Gastronomie funktioniert, nicht zueinander passen. Nicht nur wegen des Schwarzgeldes, sondern weil Gäste keinen «frommen Wirt» möchten. In gewisser Weise behielt mein Vater sogar Recht. Tatsächlich machte ich immer wieder schlechte Erfahrungen, wenn ich mich als Christ «outete». Zum Beispiel, wenn ich eine Rechnung von einem Familienfest nicht als Firmenanlass deklarieren wollte oder bei einer feucht-fröhlichen Runde nicht mitmachen wollte.

Andererseits war Jesus mein Hirte. Er hatte keine Hemmungen gehabt, seinen Weg zu gehen – und das gegen Widerstände, die größer waren, als ich sie in der Schweiz antraf. Trotzdem nahm ich die Anfeindungen nie auf die leichte Schulter. Schließlich war ich für meine Familie und unsere Angestellten verantwortlich. Jede Entscheidung, die ich traf, war nicht nur eine persönliche, sondern auch eine für mein Umfeld. Vom Koch am Herd, der mir seine Karriere anvertraute, wenn er sich dafür entschied, die Stelle in der «Krone» anzunehmen und nicht in einem anderen Gourmet-Restaurant, bis zum Lehrling, der am Anfang seines Berufsweges stand: Was Therese und ich als Patrons bestimmten, hatte Auswirkungen auf das Leben vieler Menschen. Daher war es nicht einfach, meinen Glauben nach außen zu bekennen.

Sogar, als ich längst respektiertes Mitglied im renommierten Lions-Club war, darunter ein Jahr als Präsident, tat ich mich nicht leicht damit. In dieser Runde erfuhr ich jedoch keine Ablehnung. Das passierte eher von Seiten der Menschen, die mich nicht näher kannten, und manchmal ausgerechnet von solchen, die sich als fromm bezeichneten. Wie kann einer wie ich sich gläubig nennen, wo ich doch Alkohol und Tabak verkaufe?, wollten sie wissen. Überhaupt: Wie kann ich es wagen, ein Gourmet-Restaurant zu führen? Weiß nicht jeder, dass es da nicht nur um gehobene Gastronomie, sondern auch um Eitelkeiten und protziges Gehabe geht, Werte, die mit einem ernsthaften Glauben unvereinbar sind?

War das so? War ein Restaurant zu betreiben kompatibel mit einem ernsthaften Glaubensleben? Und was heißt es denn, wahrer Christ zu sein? Die Antwort steht doch nicht Menschen zu, dachte ich, das ist Unsinn! Weil ich kaum Zeit hatte, in die Kirche zu gehen, sahen mich die fleißigen Kirchgänger als Nichtgläubigen an. Gegen Ablehnung von Andersgläubigen hatte schon Paulus zu kämpfen. Er schrieb im Korintherbrief: «Es soll einige bei euch geben, die sagen: ‹Wir gehören zu Paulus›, während andere erklären: ‹Wir halten uns an Apollos!› Die Nächsten meinen: ‹Nur was Petrus sagt, ist richtig!›, und die letzte Gruppe behauptet schließlich: ‹Wir gehören allein zu Christus!› Was soll das? Wollt ihr etwa Christus zerteilen?»

Nur weil ich ein bunter Hund war, der ein Top-Restaurant führte, sollte ich nicht dazugehören? War das die Botschaft, die von der Kirche ausging – oder von Menschen, die glaubten, diese zu repräsentieren? Da war ich anders unterwegs: Ich war gerade dabei, trotz aller meiner Fehler und Schwächen die Liebe Gottes zu erfahren. Ich war dabei, trotz aller Probleme und Widrigkeiten in meinem Beruf einen Sinn und ein Ziel zu finden. Ich war dabei, das Gegenteil von Spaltung zu suchen, das Gegenteil von «Wenn du nicht für uns bist, dann bist du gegen uns». Ich war dabei, an Stelle von Belehrung Ermutigung zu finden.

In jener Zeit, als ich begann, mich öffentlich zu meinem Glauben zu bekennen, gab es jedoch nicht nur Gegenwind, sondern auch Rückenwind. Der kam etwa vom kleinen Kreis unserer Mitarbeiter. Da waren noch einige darunter, die den rauen Umgangston von früher kannten. So wie ich die Küche führte, fühlten sie sich wesentlich wohler. Auch andere, die neu ins Team gekommen waren, kannten von ihren früheren Arbeitsstellen Küchengeschrei und freuten sich darüber, dass es bei uns gesitteter zuging.

Eines Tages begann ich, einen kurzen Andachtstext von Pfarrer Wilhelm Busch, den seine Opposition gegen die Nazis mehrfach ins Gefängnis gebracht hatte, an einem besonderen Platz aufzuhängen: auf der Toilette. Ich gebe zu, da steckte ein bisschen Schalk dahinter. Ich sagte mir, wenn so ein Text in unserem hektischen Tagesgeschäft Beachtung finden soll, kommt nur das Örtchen in Frage, wo jeder für ein paar Minuten für sich ist. Damit es nicht langweilig wurde, wechselte ich die Texte jeden Morgen aus. Als Therese und ich von einem ehemaligen Lehrling zu seiner Hochzeit eingeladen wurden, zeigte sich, dass meine Rechnung aufgegangen war.

«Diese Andachten auf dem Klo», sagte der Bräutigam mit einem Lächeln, «die habe ich immer gelesen. Ich erinnere mich an Zeiten, da haben sie mich durch den Tag getragen.»

Das hörte ich gerne. Es war ohnehin immer eine schöne Sache, wenn wir Zeuge wurden, wie einer unserer ehemaligen Lehrlinge seinen Weg in der Welt der Gastronomie und durchs Leben machte. Wenn ihm dabei eine der Wahrheiten half, die in der Bibel zu finden sind, umso besser. Das ist, was ich unter Ermutigung verstehe. Und wenn sie dann noch andere Menschen ermutigt – was könnte besser sein?

✦ ✦ ✦

Wir hatten viele Gäste, an die ich mich bis heute gut erinnern kann. Einer davon ist der Gast, den wir alle nur den «Gast vom Tisch Nr. 1 in der Blumenstube» nannten. Die Bezeichnung rührte daher, dass er fast jede Woche kam und ausnahmslos Tisch Nummer 1 wollte. Er war immer in Begleitung. Manchmal kam seine Frau mit, gelegentlich begleitet von der kleinen Tochter. Meist kam er aber mit seiner Geliebten. Beide Frauen waren von derselben Statur und trugen ganz ähnliche Kleidung.

Er selbst kam immer im teuren Anzug, darunter ein weißes, frisch gebügeltes Hemd und eine dezente Krawatte. Seine Schuhe waren poliert, die Socken passten, die Hände waren gepflegt, und sein Haar war streng nach hinten gekämmt. Seine ganze Erscheinung signalisierte Disziplin und Entschlossenheit. Von dem, was unsere Gourmet-Karte zu bieten hatte, verstand er nicht viel – er wählte einfach ein Gericht mit Rindsfilet. Beim Wein verhielt es sich ebenso. Es musste nur ein Burgunder mit klingendem Namen sein. Ging es ans Bezahlen, reichte er eine Tausend-Franken-Note. Das Wechselgeld steckte er ein, dann brausten er und seine Begleitung im Land Rover davon.

Die Gespräche zwischen ihm und mir, wenn ich meinen Rundgang durchs Restaurant machte, beschränkten sich auf reinen

Small Talk. Verglichen mit anderen Gästen war wenig Auffälliges an ihm – nur, dass er unter seinem Teller eine Wärmeplatte wünschte, damit die Speisen warm blieben.

Er zählte zu den häufigsten Besuchern. Mit anderen Worten, der Gast vom Tisch Nr. 1 war schlicht und einfach ein guter Gast.

Eines Tages blieb er aus. Auch die Woche darauf war er nicht da, ebenso die kommende Woche und die nächsten Monate nicht. Jahre gingen ins Land. Der Gast vom Tisch Nr. 1 gehörte längst der Vergangenheit an, als sich die Tür zum «Dorfbeizli» öffnete, unserer Wirtsstube für jedermann, und er hereinkam. Ich hätte ihn kaum wiedererkannt! Die Folgen eines Schlaganfalls standen ihm ins Gesicht geschrieben. Er war ein Schatten seiner selbst, von Schmerzen gezeichnet, aber, wie ich meinte zu erkennen, auch von Angst und Verzweiflung.

Im «Dorfbeizli» gab es keinen Small Talk. Seine veränderte Lage führte dazu, dass wir ohne große Umwege ins Gespräch und uns dabei näher kamen.

In der Folge besuchte ich ihn gelegentlich bei sich zu Hause. Ich weiß noch, wie überrascht ich war, keine protzige Villa vorzufinden, wie sein früheres Gehabe hätte vermuten lassen, sondern eine gutbürgerliche Wohnung. Das einzig Auffällige dort war ein hochwertiges Präzisionsgewehr an der Wand. Jetzt erfuhr ich nicht nur, dass er ein eingefleischter Waffen-Liebhaber war, sondern noch so einiges mehr. Er hatte um jeden noch so kleinen Erfolg in seinem Leben kämpfen müssen. Dennoch war er weit gekommen. Verbissener Ehrgeiz, so nannte er es, hatte ihn geprägt, gepaart mit akribischer Gründlichkeit und viel Fleiß. Das trug ihn bis in die Chefetage einer bedeutenden Firma. Und dann, innerhalb einer Millisekunde, lag sein Leben in Trümmern. Schlaganfall. Schmerzen. Tausend unbeantwortete Fragen und eine große Verbitterung.

Ich bin kein Psychologe, und schon gar keiner dieser Küchen-Psychologen, die es in meinem Beruf zuhauf gibt. Aber dass seine Seele nach Liebe hungerte, war selbst für mich deutlich zu spüren. Außerdem konnte ich mitfühlen, weil mein Weg ein ähnlicher gewesen ist. Zumindest, was Ehrgeiz, Gründlichkeit und Fleiß angeht – wohin diese Kombination führen kann, musste er mir nicht erklären. Ich kann von Glück sprechen, dass ich unterwegs zum Glauben fand und meine Seele so zur Liebe. Wer weiß, ob ich sonst nicht auch längst einen solchen Schlaganfall erlitten hätte.

Als ich begann, von meinem Glauben zu sprechen, hatte ich seine Aufmerksamkeit. Ich erzählte ihm, dass Gott ihn kennt und liebt und Anteil nimmt an seinem Leiden. Wie weit weg waren wir vom Small Talk im Gourmet-Restaurant, als ich begann, ihm vom Evangelium zu berichten! Er konnte gar nicht genug davon bekommen. Da saß mir auf einmal jemand gegenüber, der mehr Hunger und Durst hatte als zu Zeiten, als er in die «Krone» gekommen war. Er konnte zum ersten Mal den Frieden spüren, den Menschen dann wahrnehmen, wenn ihre weltlichen Netzwerke reißen und Gott sich ihnen zeigt.

Er liebte es, wenn ich mit ihm betete. Ähnlich wie ich hatte er mit seinem leiblichen Vater nicht die besten Erfahrungen gemacht und daher seine Schwierigkeiten mit dem Bild eines liebenden Vaters im Himmel. Im Bestseller-Roman «Fight Club» des Autors Chuck Palahniuk, der mit Brad Pitt und Edward Norton erfolgreich verfilmt worden ist, heißt es treffend: «Unsere Väter waren unsere Vorstellung von Gott. Wenn unsere Väter versagten – was sagt uns das über Gott?» Unser Gebet half ihm, seinen Blick von dieser existenziellen Frage zu lösen und ihn auf Jesus zu richten, der freiwillig den Tod am Kreuz auf sich nahm, um Vergebung und Frieden zu stiften.

Ich spürte, wie in meinem Gegenüber ein neues Vertrauen wuchs, das nur an Tagen, wenn die Schmerzen zu groß wurden, einen Dämpfer bekam. Dann rief er mich an und sprach davon, seinem Leben selbst ein Ende zu bereiten. Wir beteten dann zusammen, was ihm aus manchem dunklen Tal heraushalf und Mut gab für die nächste Nacht.

Einmal rief er nicht an.

Einmal war seine Not zu groß.

Einmal drückte er ab.

Akribisch, wie er gewesen ist, waren seine Wünsche für die Beerdigung genau festgelegt: keine Kirche. Kein Pfarrer. Kein Grab auf dem Friedhof. Stattdessen wollte er, dass ich auf einem bestimmten Hügel im Emmental im Kreise der engsten Angehörigen eine kleine Andacht halte und dort seine Asche ausstreue. Im Gegensatz zu Deutschland ist so etwas in der Schweiz erlaubt. Ich kam seinem Wunsch gerne nach. Ich bin mir sicher, dass unser ehemaliger Gast vom Tisch 1 in Frieden und Freiheit geborgen ist.

✦ ✦ ✦

Ich bin glücklich darüber, dass mich die Bibel immer wieder aufs Neue ermutigt – denn Mut ist, was wir im Leben brauchen. Das trifft auch für Therese zu. Sie hatte vom ersten Tag an, als sie die «Krone» betrat, einen schweren Stand. Nicht bei den Gästen, die von weiter her den Weg zu uns fanden, aber bei vielen aus nächster Umgebung. Nachvollziehen kann das wohl nur, wer als Fremder in eine kleine Ortschaft wie Bätterkinden zieht. Jeder ihrer Schritte wurde argwöhnisch beobachtet, jede Handlung misstrauisch begleitet. Wehe, sie grüßte alt eingesessene Stammgäste nicht per Handschlag. Wehe, die Jasskarten lagen nicht bereit, wenn die Donnerstagsrunde sich in der Gaststube breitmachte. Die Ergebnisse des Spiels notierten sie mit Kreide auf einer Schiefertafel – wehe, wenn das Schwämmchen dafür trocken war. Und wehe auch, wenn sie es in der Hektik versäumte, einen der Honoratioren angemessen zu grüßen.

Als sie einmal vergaß, dem neu gewählten Herrn Großrat zum Wahlsieg zu gratulieren, wurde mir unmissverständlich klargemacht, dass eine Entschuldigung allein nicht genügte – eine Flasche Wein und ein Blumenstrauß als Beigabe seien ebenfalls erforderlich.

Hörte ich jemals eine Klage von meiner Frau? Nein – selbst dann nicht, als sie nach Jahren noch immer die Fremde im Dorf war, die von manchen Einheimischen als «distanziert» kritisiert wurde.

Der Argwohn ihr gegenüber lag aber nicht allein daran, dass sie eine Zugezogene war. Therese machte eine Erfahrung, die viele intelligente, gebildete und starke Frauen machen. Mein Heimatland zeigt sich da nicht von seiner besten Seite. Während ich diese Zeilen schreibe, zählt die Schweiz zusammen mit China noch immer zu den Schlusslichtern, was den Frauenanteil unter den Konzernchefs angeht.

Dabei meisterte Therese regelmäßig ihre Vierzehn- bis Sechzehn-Stunden-Tage, die so manchen Kerl in die Knie gezwungen hätten, und schaffte es auch, nach einer Zwanzig-Stunden-Schicht tags darauf den Service freundlich und professionell wie immer zu leiten. Daneben lagen unser gesamtes Rechnungswesen und die Buchhaltung in ihrer Verantwortung. Sie sorgte für die Qualitätskontrollen und führte die dazu nötigen Journale. Die Hauswirtschaft, was in den Keller rein- und wieder rausging, die Speisekarten, die Weinkarte, die Korrespondenz: Therese kümmerte sich auch darum hervorragend. Und als ob das nicht genügte, hatte sie auch als Mutter von unseren beiden quicklebendigen Töchtern alle Hände voll zu tun.

Nur ein einziges Mal brach sie vor Erschöpfung in Tränen aus, und schuld daran war kein anderer als ich. Wieder lag eine anstrengende Woche hinter ihr, was auch daran lag, dass ich gerade an der «Kochkunst-Olympiade» in Frankfurt teilnahm. Deren Anfänge reichen bis in das Jahr 1900 zurück. Es ist der größte internationale Kochwettbewerb der Welt. Alle vier Jahre feilen die besten Köche am perfekten Zusammenspiel von Zutaten, Zubereitung und Präsentation und kreieren dabei so manchen kulinarischen Trend.

Als ich mit von der Partie war, teilte man mir einen Arbeitsplatz zu, der weit weg von der Ausstellungshalle lag. Wie um alles in der Welt sollte ich meine Platten dorthin transportieren?, fragte ich mich. Ich war mit dem Auto vor Ort, und ein Transport mit diesem schien mir die einzige Lösung. Weil es bei dieser Olympiade kein bisschen anders zugeht, als wenn der Tester vom *Guide Michelin* im Restaurant sitzt, konnte ich auf eine Goldmedaille nur hoffen, wenn alles, aber auch wirklich alles perfekt war. Schauplatten mit fragilen Kreationen, die im Auto transportiert wurden, können diese Anforderung nicht erfüllen – es sei denn, das Auto würde schweben. Heureka, das war die Lösung! Um die Erschütterungen abzufedern, bat ich Therese, mir halb aufgepumpte Autoschläuche zu besorgen. Diese wollte ich unter meine Platten legen, um damit den erschütterungsfreien Transport zu garantieren.

Wohlgemerkt – ich bat sie nicht darum, bevor ich nach Frankfurt aufbrach, sondern erst, als ich bereits dort war. Ob sie mir die Reifen denn auch vorbeibringen könne? Der Wettbewerb fand am Sonntag statt, und am Samstag rief ich sie deswegen an.

Statt zu fragen: «Drehst du jetzt völlig durch?», organisierte sie während des Hochbetriebs am Samstag die Schläuche, stieg mit ihnen nach der üblichen kurzen Nacht in den Morgenzug und fuhr von Bern über Basel nach Frankfurt, um mir das Gewünschte rechtzeitig vor dem Wettbewerb zu bringen. Völlig erschöpft kam sie an – und bekam von mir weder einen Kaffee noch das wohlverdiente Dankeschön. Sicher, ich war ganz fokussiert auf den Wettbewerb, aber das darf natürlich nicht als Entschuldigung dienen. Meine Achtlosigkeit brachte das Fass zum Überlaufen! Ihr liefen die Tränen nur so über das Gesicht. Dass ich anschließend die Goldmedaille gewann, war im Rückblick nur ein schwacher Trost.

Dieser Gedanke geht mir durch den Kopf, als ich die Wanderschuhe schnüre. Ich habe beschlossen, darüber nachzudenken, während ich auf die Röti gehe. Ja, wir zahlten einen hohen Preis dafür, unsere Leistung immer weiter ans Limit zu bringen. Andererseits taten wir es gerne, weil wir unseren Gästen das besondere Erlebnis bieten wollten. Und sicher auch, weil wir gar nicht anders konnten. Sowohl Therese als auch ich gehören nun mal nicht zu den Menschen, die ihre Hände in den Schoß legen können, um mit anzusehen, wie die Welt ihren Lauf nimmt. Selbst dann, als wir in den Ruhestand traten, war von Ruhe kaum die Rede. Seit dieser Zeit ist meine Frau viel in Myanmar, um dort ein besonderes Projekt voranzubringen, von dem noch die Rede sein wird. Ich engagiere mich in Afrika, was immer wieder Reisen erfordert. Erst vor kurzem kam ich von einem Einsatz zurück. Auch diese Erinnerung steigt in mir auf, als ich den Weg auf die Röti unter die Füße nehme.

Ich freue mich auf den Panoramablick dort oben und darauf, die Kraft am Kreuz zu spüren. Wie immer werde ich mich davor niederknien, und wie immer werde ich mich erst anschließend umblicken. Ganz ist die Scheu noch nicht verschwunden, meinen Glauben in der Öffentlichkeit zu zeigen – aber das macht nichts, denn eines ist mir bei jedem Schritt klar: Ich bin unterwegs zum Ziel.

Minestrone

Diese kräftige Suppe ist eine willkommene Stärkung für den Wanderer.

Ernesto Schlegel vom «Schweizerhof» in Bern und Guido Jäger vom «Palace St. Moritz» hatten beide eine besondere Vorstellung von Minestrone. Schlegel wollte sie ästhetisch haben – das Gemüse musste perfekt geschnitten und durfte nicht verkocht sein. Jäger dagegen, der aus der rätoromanischen Schweiz stammte, bereitete die Minestrone «casalinga» zu, also nach Art der Hausfrau. In diesem Fall wird sie gut durchgekocht, damit die Aromen harmonisch verschmelzen. Er nahm dafür optische Einbußen in Kauf.

Wie bei vielen Nationalgerichten gibt es bei der Minestrone unzählige Varianten, je nach Region, in der sie zubereitet wird. Verwendet wird das Gemüse aus dem Garten und allenfalls ein paar Reste Reis oder Spaghetti vom Vortag. Grundsätzlich ist es eine kräftige, mit Tomatenmark tomatierte Gemüsesuppe mit in kleine Würfel geschnittenen Tomaten sowie blätterig geschnittenem Gemüse wie Karotten, Kartoffeln, Zwiebeln, Sellerie, Wirsing, Lauch.

In meinem Rezeptbuch aus der Lehre habe ich unter Minestrone kurz und knapp eingetragen: «Eine tomatierte Potage de légumes machen, zuletzt Pistou (Spickspeck, Knoblauch, Petersilie, Basilikum und Lorbeer zusammengemixt) beigeben. Einlage: gekochte Borlotti-Bohnen, gebrochene Spaghetti, Makkaroni oder Reis. Geriebenen Parmesan separat servieren. Das Verhältnis ist etwa zwei Teile Flüssigkeit (Bouillon) zu einem Teil Gemüse.»

Heute verwende ich Pesto anstatt Pistou.

Bewegte See

Der Anruf erreichte mich an einem sonnigen Nachmittag im Jahr 1996.

«Hello!», sagte eine unbekannte Stimme mit unverkennbar amerikanischem Akzent. «Spreche ich mit Res Hubler?»

Das konnte ich bestätigen.

«Ich rufe aus Los Angeles an. Es geht um das neue Kreuzfahrtschiff Crystal Symphony. Wir würden Sie gerne dafür als Gastküchenchef gewinnen.»

Meine Antwort kam prompt. «Thanks, but no, thanks. Dafür habe ich leider keine Zeit.»

Das war nun wirklich nicht geschwindelt. Zeit war das, was immer fehlte. Es kam vor, dass Therese mich im Büro am Schreibtisch vorfand, vor Erschöpfung eingeschlafen.

Wir nahmen an kaum einem Familienfest teil, weil es der Betrieb nicht zuließ. Unsere sozialen Kontakte beschränkten sich auf andere Gastronomen. War das nicht ähnlich wie bei meinem Vater? Obwohl ich es nie wollte, schien ich ein Stück weit doch in seinen Fußstapfen zu laufen.

Mein Gegenüber am Telefon war nicht von der Sorte Mensch, die ein Nein akzeptieren.

«Come on», lachte er. «Wissen Sie, die Crystal Symphony ist das modernste und größte Traumschiff der 5-Sterne-Plus-Klasse. Wir laden Sie zur letzten Etappe einer grandiosen Weltreise ein. Übrigens ist jede Menge Prominenz mit an Bord. Caspar Weinberger, der ehemalige US-Verteidigungsminister, hat sein Kommen zugesichert. Die Chefköche vom ‹Spago› in Los Angeles und vom ‹Peninsula› in Hongkong ebenfalls …»

Ich schloss die Augen. Was für eine Versuchung! Das «Spago» gehörte dem gebürtigen Österreicher Wolfgang Puck. Seine Kochkarriere hatte ihn vom «L'Oustau de Baumanière» in Les Baux-de-Provence über das «Hôtel de Paris» in Monaco zum «Maxim's» in Paris geführt, bevor er in Los Angeles am Sunset Strip sein vielfach ausgezeichnetes «Spago» eröffnete. Das «Peninsula» in Hongkong wiederum gehörte schon damals zu den besten Hotels der Welt. Es beherbergt noch immer einige wundervolle Restaurants, wie aktuell das «Gaddi's», das «Spring Moon», das «Imasa» und das «Chesa». Hier gibt es gehobene französische, kantonesische, japanische und Schweizer Küche. Mich unter diese Kollegen einzureihen, wäre in der Tat eine Ehre.

Mein Anrufer aus Los Angeles wusste also, welche Knöpfe er zu drücken hatte. Dazu kam, dass der Ruf der weiten Welt mich seit meiner Amerika-Reise nie mehr losgelassen hatte. Zweimal hatte ich der Sehnsucht nachgegeben und als Gastküchenchef bei der Royal Viking Line «angeheuert»: Einmal ging es von Barcelona nach Porto, ein andermal von Rio de Janeiro in die Karibik.

An letztere Reise kann ich mich besonders gut erinnern: Therese war mit unserer Tochter Susanne im 7. Monat schwanger. Weil mein Flug sich verspätete, verpasste ich das Schiff in Rio und musste nachreisen. In dieser Zeit vor dem Handy und dem Internet war ich drei Tage lang wie vom Erdboden verschluckt. Therese erhielt von der Reederei nur ein Telegramm, in dem stand: «Guest chef has not arrived.» Hochschwanger musste sie damals das Restaurant führen, während ich wie vom Erdboden verschluckt war. Die Verantwortung, die auf ihr lastete, war enorm. Und doch machte sie alles mit und unterstützte mich auch weiterhin bei meinen Eskapaden.

Doch dieses Mal wollte ich hart bleiben. Nein, ich hatte wirklich keine Zeit!

Die Stimme des Anrufers drang an mein Ohr. «… Wir dachten, dass Sie auf der Strecke von Barcelona über Gibraltar und Casablanca bis nach London mit an Bord sind.»

Was war das für ein hartnäckiger Plagegeist!

«… Ach ja, Sie bekommen natürlich eine Luxuskabine, und alles, was Sie und Ihre Frau konsumieren, geht aufs Haus. Das heißt, aufs Schiff.»

Der Mann lachte. «Wir gehen davon aus, dass Ihre Frau gerne mitkommen möchte.»

Natürlich wäre das völlig unmöglich. In der Küche gab es Köche, die mich vertreten konnten, und einem davon traute ich sogar – wenigstens für eine kurze Zeit – die Endkontrolle zu. Doch Therese war nicht zu ersetzen. Wenn sie im Service ausfiel, fiel der Service aus.

«Das wird leider nicht gehen», sagte ich.

Doch ich spürte auch, wie ich langsam weich wurde.

«Was halten Sie davon, wenn ich meine Töchter mitbringe?»

Susanne war damals dreizehn Jahre alt, Barbara neun. Ich stellte mir vor, wie sie mit ihrem sonnigen Wesen die Herzen der Passagiere eroberten.

«Das ist eine ganz hervorragende Idee», erwiderte mein Anrufer. «Dann dürfen wir Sie also einplanen?»

Ich zögerte ein letztes Mal. «Ich spreche mit meiner Frau. Lassen Sie uns nochmals telefonieren.»

Als wir an diesem Abend die Tür hinter dem letzten Gast zuschlossen, erzählte ich Therese von dem Anrufer. Sie lächelte mich auf unwiderstehliche Weise an.

«Susanne und Barbara sollen dir also assistieren? Da bin ich ja jetzt schon gespannt, was ihr drei alles erleben werdet!»

Einige Zeit später stand ich mit meinen Töchtern in Barcelona auf der Gangway, die hinüber zur Crystal Symphony führte. Auch wenn die Kreuzfahrtschiffe dieser Zeit noch nicht die gigantischen Dimensionen der heutigen Luxusdampfer hatten, waren wir schwer beeindruckt. Die Crystal Symphony war 240 Meter lang und zwölf Stockwerke hoch.

Drinnen standen wir in der großen Hotelhalle einem sieben Meter hohen plätschernden Brunnen gegenüber. Mit meinen Töchtern an der Hand ging ich am Kristallflügel vorbei und nahm die geschwungene Freitreppe nach oben. Ich freute mich auf das Treffen mit dem Küchenchef Josef Lumetsberger, der mit 91 Mitarbeitern dreimal täglich tausend Hauptmahlzeiten zubereitete, dazu den Afternoon Tea und einen Late Night Snack.

Jedes Lunch- und Dinner-Menu bestand aus fünf Hauptgängen zur Auswahl, die täglich variierten. Auch die Verpflegung von 545 Mitgliedern der Crew gehörte zu Josefs Aufgaben. Und als ob das alles noch nicht genug wäre, unterstanden ihm noch mehrere Restaurants und Snackbars. Auch wenn er sich keine Gault&Millau-Punkte oder Michelin-Sterne erkocht hatte, war meine Bewunderung grenzenlos. Wer so einen Laden stemmt, benötigt einen souveränen Führungsstil und erstklassige Sozialkompetenz. Das sind Qualitäten, die manchem hochdekorierten und von der Presse gefeierten Starkoch fehlen.

Josef brachte das alles mit: Nach Stationen als Koch im Zillertal und im «Grandhotel» von Bad Gastein verschlug es ihn ins «Regent Hotel» nach Neuseeland. Von seinem dortigen Arbeitsplatz aus sah er täglich die Luxuskreuzer. Das weckte die Sehnsucht nach dem Meer. Es folgten vier Monate auf der Queen Elisabeth, und der Entschluss stand fest: Das ist das Leben, das Josef führen wollte. Seit dieser Zeit sind Schiffe sein Zuhause.

Als Gastküchenchef durfte ich mich überall frei bewegen – im Gegensatz zum Großteil der Crew. *Commis de cuisine,* ja, selbst die *Chefs de partie* hatten auf den Passagierdecks nichts zu suchen. Drei Monate lang ohne freien Tag wohnten und arbeiteten sie tief im Bauch des Schiffes, mit nur wenig Bewegungsraum und so gut wie keiner Privatsphäre. Nur der Küchenchef selbst sowie seine *Souschefs* hatten Offiziersrang und damit Zutritt zum ganzen Schiff. Das hatte seinen Preis in Form von enormer Verantwortung.

Als mich Josef in seine imposante Küche führte, wo neunzig Köche und eine Köchin auf mich warteten, fühlte ich mich beileibe nicht wie der Sternekoch, sondern wie ein Schüler, den es durch Zufall auf die Universität verschlagen hat. Das Unbehagen dauerte nicht lange, denn die Begrüßung war freundlich und kollegial. Josef kam gleich zur Sache.

«Du machst zwei Kochdemonstrationen und ein Diner», sagte er. «Wir haben 900 Passagiere an Bord. In der Galaxy-Lounge, dem großen Show-Saal, finden 450 von ihnen Platz. Für die anderen übertragen wir das Schaukochen auf Bildschirmen, die überall im

Schiff verteilt sind. In der Lounge selbst haben wir eine hydraulische Bühne. Die Licht- und Soundanlage sind vom Feinsten.»

Dann ging er ins Detail: In 36 Stunden sollte die Koch-Demonstration stattfinden. Ebenfalls morgen Abend würde mein Diner serviert werden. Das brachte mich mächtig in Fahrt! Eineinhalb Tage sind wenig Zeit, um Menüs für viele Menschen zu planen, Rezepte anzupassen, Zutatenlisten zu erstellen und alle weiteren Details zu berücksichtigen. Einmal mehr war ich froh über meine umfassende Ausbildung und meine Erfahrung aus dreißig Berufsjahren sowohl in der Sterne-Küche als auch beim Kochen für Bankette.

Meine größte Sorge im Hinblick auf die Koch-Demonstration war, dass ich irgendeine Kleinigkeit in der Küche vergesse. Diese befand sich im Heck des Schiffes, die Galaxy-Lounge ganz vorne. Dazwischen lagen endlose Korridore und zwei Aufzüge. Kurzum: Pannen durfte es nicht geben.

«Wie stellst du dir dein Diner vor?», fragte mich Josef.

Weil ich vor Beginn der Reise wusste, dass mich diese Aufgabe erwarten würde, hatte ich mir darüber schon Gedanken gemacht. «Zum Auftakt eine Komposition von Wirsingroulade», begann ich, «gefüllt mit Schinkenmousse und frischen Morcheln. Dazu passen marinierte, im Sesammantel gebackene Kaninchenrückenfiletstreifen. Als nächsten Gang habe ich Bachkressesüppchen mit gedämpftem Seezungenfilet vorgesehen.»

Der Küchenchef der Crystal Symphony nickte nachdenklich, während ich fortfuhr: «Zum Hauptgang Perlhuhnbrüstchen, gefüllt mit Scampi, begleitet von einer Gemüsejalousie und zwei Saucen. Als Dessert Whisky-Eisbombe, die wir brennend auftragen. Ein Finale, passend zum Traumschiff!»

Josefs Blick war etwas skeptisch. «Die Sache ist die …», wandte er ein. «Wir können Frischware im nächsten Hafen vorbestellen. Aber die Händler dort sind nicht immer in der Lage, die benötigten Mengen in der gewünschten Qualität zu liefern. Das ist immer ein gewisses Risiko.»

Er holte Luft, um mir noch mehr schlechte Nachrichten zu unterbreiten. «Und ich glaube nicht, dass wir so viel Wirsing kriegen. Und die Bachkresse für das Süppchen?» Er schüttelte den Kopf. «Bei den Perlhühnern habe ich auch ein paar Zweifel.»

So schonend wie möglich brachte er mir bei, dass ich umplanen musste. Genau das gehört jedoch zu den Anforderungen, die ich selbst an einen guten Koch stelle. Ich erinnerte mich an meinen Vater, der mir gezeigt hatte, wie man in jeder Situation aus den vorhandenen Lebensmitteln das Beste macht. Josef war erleichtert, als er merkte, wie flexibel ich war.

«Wie wäre es mit Chinakohl anstelle von Wirsing? Die Bachkresse ersetzen wir mit Spinat und die Perlhühner durch Poulets.»

Damit war Josef einverstanden. Als ich schon dachte, dass nun alles steht, hatte er noch eine Sache auf dem Herzen.

«Die Whisky-Bombe. Auf die müssen wir leider auch verzichten.»

«Warum? Es fehlt doch sicher nicht an Spirituosen auf dem Schiff?»

Josef grinste. Davon hat jedes Kreuzfahrtschiff immer genug an Bord. «Wir haben bereits ein Abschiedsdiner fest eingeplant, bei dem wir Baked Alaska brennend servieren.»

Baked Alaska war in dieser Zeit ein Klassiker unter den Eisdesserts. Vor allem, wenn Amerikaner an Bord waren, wurde es gerne serviert. Außerhalb der USA kennt man das Dessert unter seinem französischen Namen *Omelette surprise.* Die Überraschung besteht darin, dass sich unter einer gebackenen Oberfläche aus Meringue mehrere Schichten Milch- und Fruchteis befinden. Da man Baked Alaska brennend am Tisch serviert, war klar, dass meine flambierte Whisky-Bombe nicht in Frage kam. Niemand weiß so gut wie ich, wie sehr Gäste die Abwechslung schätzen. In meinem Kopf ging ich blitzschnell sämtliche Rezepte durch, die an Stelle meiner Dessert-Idee in Frage kommen könnten.

«Was hältst du von Crêpes mit Mandelfüllung? Begleitet von einem Erdbeer-Eismarmor und marinierten Erdbeeren?»

Josef unterbrach mich mit einem Lächeln. «Perfekt. Damit steht dein Diner. Ich schlage vor, dass wir uns gleich an die Arbeit machen.»

Bei einer Koch-Demonstration – egal ob auf dem Festland oder einem Schiff – gibt es zwei Arten von Publikum. Zum einen kommen Gäste, die nur unterhalten werden wollen, ohne ernsthaft auf den Gedanken zu kommen, das Gericht zu Hause nachzukochen. Denen ist gute Unterhaltung wichtiger als ein raffiniertes Rezept. Ihnen gegenüber stehen die Hobbyköche, von denen einige äußerst ambitioniert sind. Die nehmen es richtig genau und lassen sich nicht mit ein paar Späßchen abspeisen. Die wollen bei einer Sauce Mousseline wissen, warum ich die Butter leicht haselnussbraun erhitzte und so umgieße, dass der Satz in der Pfanne bleibt. Wie man dazu Wein und Essig mit Schalotten auf einen Esslöffel reduziert und durch ein Sieb passiert. Wie man das Eigelb dazugibt, um es auf einem Wasserbad zu Sabayon aufzuschlagen. Wie man anschließend behutsam die Butter einrührt, den Schlagrahm unterzieht und fein mit Salz und weißem Pfeffer abschmeckt.

Die Gäste, die nur unterhalten werden wollen, interessiert ein Rezept für eine feine Sauce nicht. Die wollen lieber ein paar Anekdoten hören. Gerne habe ich bei solchen Gelegenheiten etwa erzählt, wie ich Jugendliche, die sich um eine Lehrstelle bewarben, mindestens zwei Stunden lang «Bretzeli», eine bekannte Schweizer Feingebäckspezialität, backen ließ. Wenn diese nach anderthalb Stunden immer noch gleichmäßig in der Form und Farbe waren, hatte der Kandidat oder die Kandidatin Ausdauer und exaktes Arbeiten bewiesen, was bedeutete: Prüfung bestanden.

Sobald ich eine Bühne betrete, verwandle ich mich in das, was man im Show-Business eine «Rampensau» nennt. Wer mich bisher als ruhigen Menschen kennengelernt hat, reibt sich verwundert die Augen. Doch ich weiß, wie wichtig gute Bühnenpräsenz ist. Sie kostet viel Energie, aber sie überträgt sich positiv auf das Publikum.

Den Hobbyköchen zuliebe änderte ich das Programm für die zweite Kochdemonstration, nachdem ich bei der ersten gemerkt hatte, dass die Zubereitung von Saucen eine Menge Fragen aufwirft. Was kein Wunder ist, denn hier scheidet sich bei vielen Köchen die Spreu vom Weizen. Also führte ich eine klassische Mousseline vor, dazu mit Gemüsepüree gebundene Saucen und für vollwertbewusste Gäste eine Aubergine-Olivenöl-Emulsion.

Am Abend nach der ersten Kochdemonstration wurde mein Diner serviert. Ich liebe diese Anspannung, wenn alle Vorbereitungen abgeschlossen sind und auch der beste Chef den Lauf der Dinge kaum noch beeinflussen kann. Draußen nehmen 900 Menschen an geschmückten Tischen Platz, drinnen wartet eine Kolonne von Kellnern darauf, dass der Startschuss fällt. Für meinen Geschmack war die Garstufe der Pouletbrüstchen an der oberen Grenze. Doch die Schiffsköche hatten mich mit dem Argument überzeugt, dass die Mehrzahl der Gäste Amerikaner waren und diese ihr Poulet durchgegart haben wollen.

Als ich während des Diners in den Saal ging, um die Gäste zu begrüßen, erinnerte ich mich daran, wie ich als junger Bursche in Lansing mit Win Schuler «die Tische gemacht» hatte. Damals hatte ich mich zum ersten Mal in Small Talk geübt, der mir nun auch nach dem x-ten «Really, it's very good» noch leicht von den Lippen ging. Win Schuler hatte mir auch beigebracht, echtes von falschem Lob zu unterscheiden: Ein Blick in die Gesichter genügt, um zu sehen, ob es den Gästen schmeckt oder nicht. An diesem Abend sah ich sehr zufriedene Gesichter. Nun endlich fiel die Anspannung von mir ab.

Nachdem ich mich überzeugt hatte, dass meine beiden Töchter ebenfalls gut gegessen hatten, brachte ich sie in unsere Kabine. Egal, wie groß der Stress bei uns zu Hause war, egal, ob die «Krone» aus allen Nähten platzte: Das Gute-Nacht-Gebet fiel nie aus. Erst danach machte ich mich auf, um den Tag mit einem Whisky on the rocks in der «Starlight Bar» zu beschließen. Wenn dieses wunderbare Getränk schon nicht als Eisbombe auf die Tische gekommen war, durfte wenigstens ein Gläschen – oder auch zwei – getrost durch meine Kehle fließen.

Nach der zweiten Kochdemonstration hatte ich die Gelegenheit, mit meinen Töchtern übers Schiff zu streifen. Wir genossen unser Zusammensein. Weil ich selbst miterlebt habe, wie sehr man als Kind in den Hintergrund rücken kann, wenn die Eltern einen Gastronomiebetrieb führen, wollte ich es besser machen. Unsere Töchter spielten immer eine zentrale Rolle, egal, was sonst noch wichtig war. Heute macht es mich glücklich, dass die beiden von ihrer schönen Kindheit schwärmen. Wir haben ein tolles Verhältnis zu ihnen, ebenso mit den Schwiegersöhnen und Enkelinnen, und freuen uns darüber, dass sie in ihrem Beruf Fuß gefasst haben und erfolgreich sind: Barbara als Pflegefachfrau und Susanne als Modedesignerin mit eigenem Label. Daran dachte ich damals natürlich noch nicht, aber ein wenig blickte ich immer in die Zukunft. Werden die Mädchen auf eigenen Füßen stehen können? Das lag mir sehr am Herzen, deshalb ließ ich sie auch alleine das Schiff erobern.

Immer wieder kam ich während unserer Reise mit anderen Passagieren ins Gespräch. Einer von ihnen behauptete, der Mann zu sein, der die Lamellenstores erfunden hat. Mit einem jüdischen Geschäftsmann unterhielt ich mich nicht nur über seinen internationalen Modeversand, sondern vor allem auch über Fragen des Glaubens. Ich lernte Anwälte, Ärzte und auch ein paar Leute kennen, die sich wahrscheinlich ihren Weg in die Oberschicht mit krummen Touren gebahnt hatten. Damals gehörten fast alle Menschen zur Oberschicht, die ein Kreuzfahrtschiff bestiegen, und Geld war immer ein Thema.

Eines Abends kam ich mit einer betagten englischen Lady ins Gespräch. Sie erzählte mir, dass ihre liebe Verwandtschaft sie auf Kreuzfahrtschiffen parke, damit sie aus dem Weg sei. Auf diese Weise verbringe sie mehr Tage pro Jahr an Bord als der Kapitän. Wir saßen an einem der Tische in der Nähe des großen Brunnens, und ich merkte, dass meine Gesprächspartnerin immer unruhiger wurde. Dann erhob sie sich mit einer Entschuldigung. «Das plätschernde Wasser macht mich … Sie verstehen.»

Nachdem sie gegangen war und ich noch alleine am Tisch saß, dachte ich darüber nach, dass selbst hier, im Paradies auf dem Schiff, die Menschen ihre Sorgen und Nöte nicht loswerden, egal, wie viel Geld sie haben. Auch ein Traumschiff kann nicht bieten, wonach ich ein halbes Leben lang Ausschau gehalten habe.

✦ ✦ ✦

Solche Fahrten wie die auf dem Schiff waren wichtig für mich. So sehr ich meinen Beruf auch liebte: Der ständige Stress, nicht nur den Gästen, sondern auch den Kritikern und Testern gerecht zu werden, machte mir zu schaffen. Im Grunde genommen war es ein Hamsterrad. Die Anforderungen waren extrem hoch. Da waren kurze Auszeiten wichtig. Ich brauchte diese Abwechslungen, weil sie mir halfen, den Alltag auch mal Alltag sein zu lassen.

Neben Fahrten wie auf der Crystal Symphony waren es Kochwettbewerbe, die mich dem Alltag für eine Weile entkommen ließen. Hier konnte ich mich mit den Besten messen, Spaß auf der Bühne haben und als Team-Chef meine Mannschaft zum Erfolg führen.

Es war im November 1991, als mich Curt Spörri ansprach, der damals bei der Internationalen Fachmesse für Hotellerie und Gastronomie IGEHO in Basel Leiter des Gastronomie-Centers war. Zwei Jahre zuvor hatte ich dort auf einer Showbühne mit einem Pantomime-Künstler die Schritte zu einer perfekten Whisky-Eisbombe demonstriert. Diese Bombe schien mich mein Berufsleben hindurch zu verfolgen. Die Show war wirklich gut gelungen, und daran erinnerte sich Curt noch immer.

«Wir bauen in der Messehalle zwei Restaurants mit je 100 Plätzen und der dazugehörenden Küche auf», fuhr Curt fort. «Es gibt eine verglaste Wand, damit euch das Publikum auf die Finger sehen kann.»

Es war noch die Zeit, bevor viele Restaurants begannen, sich Show-Küchen zuzulegen, die ihren Gästen einen Blick hinter die Kulissen schenken. Damals war die Idee etwas wirklich Neues.

«Was meinen Sie mit *euch?*», wollte ich wissen.

«Na, Ihnen und Ihrer Mannschaft! Sie sollen eines von vierzehn Vierer-Teams für den Kochwettbewerb zusammenstellen. Wir haben ein paar Top-Leute am Start.» Er zwinkerte mir zu. «Also, strengen Sie sich an.»

Keine Frage, dass ich zusagte.

Während der Messe sollten sieben Tage lang jeweils zwei Teams von 8 Uhr morgens bis 12 Uhr mittags ihr Menü für 100 Gäste kochen.

«Und für 10 Jurymitglieder», ergänzte Curt. Er senkte seine Stimme. «Die Gäste bewerten das Menü anhand eines Fragebogens. Zusammen mit dem Votum der Jury ergibt sich dann der Sieger … oder der Verlierer.»

«Wer ist dabei?»

«Wir haben die österreichische Nationalmannschaft. Dann die *Amicale Bâloise des chefs de cuisine* aus Basel. Ihr aus Bern …»

«Ich habe noch nicht zugesagt!»

«Weiß ich, weiß ich. Aber das werden Sie, da bin ich mir sicher.»

Natürlich sagte ich zu. Doch erst, nachdem ich mit Therese gesprochen hatte. Dann trommelte ich meine Mannschaft zusammen: Max Tschuy vom «Ermitage» in Bern, Mario Hurni vom «Commerce» in Aarberg und Hanspeter Widmer von der «Confiserie Widmer» in Burgdorf. Das waren gestandene Kollegen, von denen jeder noch persönlich in der Küche oder der Backstube stand, was ab einem gewissen Berühmtheitsgrad nicht immer der Fall ist. Mir war wichtig, dass meine Mitstreiter belastbar und flexibel waren. Denn ich wusste, dass diese neue Art von Kochdemonstration kein Spaziergang sein würde. Vor allem, wenn man gewinnen will. Das wollte ich. Der olympische Gedanke – «Dabei sein ist alles» – hatte mich noch nie sonderlich angesprochen. Unseren Teamnamen setzten wir aus den Anfangsbuchstaben unserer Nachnamen zusammen. Er klang wie ein Schlachtruf: «Hu-Tschu-Hu-Wi!»

Als ich Team Hu-Tschu-Hu-Wi zur ersten Besprechung um mich scharte, musste ich an meinen Vater denken. Mittlerweile konnte ich das unbelastet tun. Die Initiatoren des Wettbewerbs hatten eine Regel aufgestellt, die mich an seine wichtigste Lektion erinnerte: Ein Koch ist erst dann ein Koch, wenn er aus dem, was er in Küche und Vorratskammer findet, etwas Gutes kochen kann.

«Hühnchen, Birne, frischer Lachs», begann ich. «Diese Produkte müssen in unserem Menü integriert sein. Der Rest bleibt uns überlassen. Hat jemand Vorschläge?»

Ich saß mit einfallsreichen Männern am Tisch. Jeder hatte etwas beizutragen. Aus den Ideen stellten wir ein Menü zusammen, das Gästen und Jury munden würde: als Vorspeise ein Lachskranz mit weißer Buttersauce und Lauchheu. Das Hühnchen wollten wir zum Hauptgang in zwei Gängen servieren: zuerst das Brüstchen warm mit einer Sauce, anschließend den Schenkel gebraten und lauwarm mit einem Salatbouquet angerichtet. Zum Dessert dachten wir an eine Bayrische Creme mit Williams, dazu pochierte Birnen und ein Löffelbiskuit in Birnenform, garniert mit einem Sujet aus Schokolade.

Als es so weit war, trafen wir uns morgens um 6 Uhr bei mir. Jeder hatte seine Arbeitskleidung dabei und seinen persönlichen Messer-Koffer. Es gibt keinen guten Koch, der nicht überallhin seine eigenen Messer mitnimmt. Das halte ich heute noch so, wenn ich unterwegs bin. Ich hatte außerdem 110 Gugelhopf-Förmchen für den Lachskranz organsiert. Mario Hurni schleppte einen Erste-Hilfe-Koffer heran.

«Wozu soll der gut sein?», fragte ich.

«Man weiß nie», antwortete Mario. «Beim Ausbeinen von fünfundfünfzig Hühnchen kann eine Menge passieren.»

Hatte ich einen Propheten in meinem Team? Hoffentlich nicht!

Als wir in Basel ankamen, erwarteten uns die Platzhirsche von *Amicale Bâloise des chefs de cuisine* mit breitem Grinsen. Sie waren an diesem Tag unsere direkten Konkurrenten. Zwar sind wir nicht beim Fußball, wo man den Gegner auch mal von hinten abgrätscht, aber so ein bisschen piksen und sich gegenseitig nervös machen ist auch bei uns drin. Da gerieten wir ohne Zweifel ins Hintertreffen. Die Basler Kollegen machten einen sehr lockeren Eindruck. Jeder von ihnen hatte einen guten Spruch auf Lager. Wir hatten nur den Erste-Hilfe-Koffer von Mario.

«Die haben ihr Menü schon für hundert Gäste gekocht und getestet», flüsterte mir Max zu.

Bei solchen Wettkämpfen wurde mir stets flau im Magen,

ganz egal, wie sehr ich die Herausforderung liebte. Zu wissen, dass die Konkurrenz alles schon mal getestet hatte, machte es nicht besser.

«Lass uns die Küche anschauen», sagte ich.

Dort blieb mir die Spucke weg. Sagte ich «Küche»? Es war eher eine Ansammlung von Geräten und Küchenmöbeln. Nichts war fest installiert, alles war nur reingestellt: Tische, Kühlschränke, Kippbräter, Abwaschtröge. In einer Ecke stand das neueste Modell eines Hugentobler-Air-o-Steamers, eines Profi-Kombisteamers fürs Dämpfen, Braten, Backen und Regenerieren. Kabel waren kreuz und quer über den Boden verlegt und notdürftig festgeklebt.

Zum Lamentieren blieb keine Zeit, denn schon wurden die Zutaten geliefert.

Mario, der Mann mit dem Erste-Hilfe-Koffer, machte sich ans Ausbeinen der Hähnchen. Max übernahm die Lachsfarce, und Hanspeter schlug Löffelbiskuitmasse für die Desserts an. Ich hatte den Job, den ich auch im «Badrutt's» ausgefüllt hatte: als *Chef Tournant,* Springer oder Joker, überall dort Hand anzulegen, wo Hilfe nötig war. Außerdem war ich für die Saucen zuständig.

Vier Mann, jeder ein Spezialist auf seinem Gebiet, die für hundert Gäste in einer fremden Umgebung kochen – und dabei vom Publikum und der Jury beobachtet werden wie Gladiatoren in der Arena: Da steigt die Betriebstemperatur, ohne dass die Geräte eingeschaltet werden müssen. Haben wir dabei gesprochen? Ich kann mich nur an einen Dialog erinnern.

«Hey, Mario, wo sind die Kräuter?»

«Na, im Kühlschrank, wo sie hingehören!»,

«Moment mal! Das ist doch gar kein Kühlschrank! Das ist ein Tiefkühler! Gütiger Himmel, alle Kräuter sind kaputt!»

Aber wir wussten, dass Jammern hier nicht half. Also arbeiteten wir still und verbissen weiter vor uns hin.

Minuten später schnitt sich Mario tief in den Finger. Als ob er es geahnt hätte! Eilig verband er die Wunde mit Verbandszeug aus seinem Erste-Hilfe-Koffer. Es kam kein Laut von ihm. Doch seine Kochjacke sah jetzt aus, als habe Graf Dracula persönlich sie getragen.

Wir konnten nur hoffen, dass sich so früh am Morgen noch nicht allzu viele Gäste am Köche-Gucken ergötzen wollten. Doch weit gefehlt! Auf der anderen Seite der Glaswand füllte sich der Raum mit Zuschauern.

Ich nahm den Air-o-Steamer unter die Lupe. Ein Hightech-Gerät, mit dem man eine Charge Croissants perfekt backen, 15 Kilogramm Karotten auf den Punkt dämpfen, 25 angerichtete Teller optimal regenerieren und vielleicht sogar auf den Mond fliegen konnte – falls man zuvor das Handbuch studiert hatte. Dafür war es jetzt zu spät.

«Ich muss die Knochen für die Sauce rösten!», schoss es mir durch den Kopf. Weil die Zeit drängte, entschied ich mich für 280 °C an Stelle der üblichen 200 °C. Doch egal, wie sehr ich mich darum bemühte, das Display zeigte ständig «Error».

Error wie Fehler! Das hatte mir gerade noch gefehlt! Ich griff nach dem Telefon und verlangte einen Techniker. Der war schnell zur Stelle, doch mir kam es vor wie eine Ewigkeit. Er sah sich die Sache an, dann sah er mich an.

«Bei diesem Gerät ist die höchste programmierbare Temperatur 250 °C. Wenn Sie also eine höhere Zahl eingeben, erscheint im Display …»

«Error», sagte ich. «Danke. Jetzt habe ich es verstanden.»

Der Techniker wandte sich zum Gehen – oder floh vielmehr, weil er die grimmige Entschlossenheit sah, die die Gladiatoren vom Team Hu-Tschu-Hu-Wi an den Tag legten.

Die Schwierigkeiten waren noch nicht ausgestanden. Hanspeter hatte seine Löffelbiskuits liebevoll dressiert, gebacken und die Schokoladensujets darauf dressiert. Doch in der provisorischen Küche war es zu heiß, und die Schokolade schmolz wie Schnee in der Sonne. Einfach in den Kühlschrank schieben geht nicht, weil die Schokolade dann grau wird und das Löffelbiskuit pappig. Das ist jedem Konditor klar, dafür muss man nicht in Paris die Schule von Gaston Lenôtre besucht haben. Ob dieser Meister in der großen Not einen Rat gewusst hätte?

Ich konnte mich nicht um das Schokoladen-Problem kümmern, weil ich mit den Knochen kämpfte. Die Röstfarbe und der damit verbundene Geschmack wollten mit dem Hightech-Gerät nicht gelingen. Daher gab ich sie einfach so in den Kippbräter. Vielleicht konnte ich beim Anbraten ein bisschen was rausholen? Falsch gedacht! Der Bräter hatte alles, nur keine Power. Er brachte gerade mal ein müdes Köcheln zustande. Als ich die Knochen mit Weißwein und Fond ablöschte, konnte ich nur davon träumen, diese Sauce jemals reduzieren zu können. Was für eine bleiche Pfütze hatte ich da nur produziert?

In diesem ganz besonderen Moment platzten unsere Basler Konkurrenten zur Tür herein.

«11 Uhr!», riefen sie fröhlich. «Zeit für den Apéro.» In der Schweiz wie auch in Frankreich ist immer Zeit für einen Apéro – aber doch nicht jetzt!

In diesem Augenblick polterte es an die Glaswand, die Ausstellungshalle und Küche trennte. Da stand doch tatsächlich ein Zuschauer, schlug mit der Faust gegen das Glas und rief: «Ihr seid Sauhunde! Verdammte Sauhunde seid ihr!»

Offenbar konnte er den Anblick von uns schwitzenden Köchen – dazu die blutverschmierte Schürze von Mario – in all dem Chaos nicht ertragen.

Aus diesen ersten Experimenten mit Schauküchen hat die Branche übrigens viel gelernt. Wer heute in solche Restaurants geht, sieht meistens einstudierte Arbeitsabläufe, gewürzt mit der einen oder anderen Show-Einlage. Damals lagen die Dinge anders. Was die Gäste zu Gesicht bekamen, war die raue und harte Realität in der Küche – dafür war nicht jeder bereit. Ich gebe allerdings zu, dass Mario mit seiner blutverschmierten Kochjacke tatsächlich nicht appetitlich wirkte.

Als unsere Ehefrauen kurz darauf eintrafen, waren sie geschockt, uns so fertig und abgekämpft vorzufinden. Rosanna Hurni und Therese fielen sich weinend in die Arme. Ihre Gatten hätten das in diesem Augenblick auch gerne getan, doch uns plagten ganz andere Sorgen. Beim Anrichten der Vorspeisen fehlten zwanzig Lachskränze! Diese hatte Max fertig vorbereitet. Es fehlen nie einfach so zwanzig Vorspeisen, das konnte einfach nicht sein! Doch an diesem Tag, an dem sich Murphys Gesetz «Was schiefgehen kann, wird schiefgehen» gleich mehrfach bewies, waren zwanzig Lachskränze einfach nicht da.

«Gib mir eine halbe Stunde!» Max machte sich an die Arbeit. Wir hatten noch 200 Teller anzurichten, und dazu brauchten wir jede Hand. Er konnte sich nicht einfach eine halbe Stunde um etwas anderes kümmern. Aber es musste sein.

Es ist komisch: Angesichts der unvermeidlichen Blamage fiel auf einmal alles von mir ab. Die Sorge, ob wir die Gäste ohne Essen nach Hause schicken mussten. Die Furcht vor dem Gespött der Kollegen. Was immer es war, was mich gelähmt hatte, verflog wie Rauch im Wind. Fokussiert wie nie machte ich meine Arbeit. Mir schienen vier Arme gewachsen zu sein, so schnell richtete ich die Teller an. Unsere Basler Kollegen hatten längst ihre Siebensachen zusammengepackt, während wir erst begannen, das Dessert zu servieren.

Als wir kurze Zeit später die Heimfahrt antraten, sprach keiner von uns ein Wort.

Erst kurz vor der «Krone» fragte Max: «Wer von uns fährt nächste Woche zur Preisverleihung?»

Kleinlautes Schnauben war die Antwort. Preisverleihung, alles was recht ist! Keiner von uns wollte sich auf die Bühne stellen, um dort den letzten Platz in Empfang zu nehmen. Als Teamchef von Hu-Tschu-Hu-Wi war eigentlich klar, dass mir die zweifelhafte Ehre gebührte. Ich bin nicht stolz darauf, dass ich mich drückte, indem ich das sonntägliche volle Haus als Ausrede vorschob. Schließlich gab Max nach.

«Ich fahr hin», sagte er. Ihn plagte ein schlechtes Gewissen wegen der fehlenden Vorspeisen. Die 20 Lachskränze fand man übrigens am nächsten Tag zuunterst in einem Gestell. Es war nicht seine Schuld gewesen.

Am nächsten Sonntag fuhr Max also zur Beerdigung von Hu-Tschu-Hu-Wi. Passend zum Untergangs-Szenario goss es wie aus Eimern. Weil er sich nicht traute, mit den anderen Koch-Teams in blütenweißer Jacke und mit gestärkter Mütze auf dem Kopf die Bühne zu betreten, verzog er sich mitsamt seinem tropfenden Regenmantel in die letzte Zuschauerreihe. Mit viel Tam-Tam verkündete die Jury das Urteil. Das drittplatzierte Team erhielt sein

Diplôme d'honneur und viel Applaus vom Publikum. Das zweitplatzierte Team erhielt sein *Diplôme d'honneur* und noch mehr Applaus vom Publikum.

«Das erstplatzierte Team ist …» Der Vorstand der Jury machte die nötige Kunstpause: «Das Berner Kochquartett Hu-Tschu-Hu-Wi!»

Er sah sich suchend auf der Bühne um. «Nanu? Ist keiner von denen da?»

Max reagierte schnell. Kaum fassend, was da gerade passierte, holte er sich nicht nur das *Diplôme d'honneur* ab, sondern auch einen Riesenapplaus des Publikums! Mit seinem nassen Regenmantel überm Arm nahm er die Ehrung entgegen.

Während Max Lob aus aller Mund bekam, wurde ich in der «Krone» aus der Küche geholt. Ein Journalist war am Telefon. Er gratulierte mir zum Sieg und wünschte ein Statement vom Team-Kapitän. Weil ich nicht wusste, was er wusste, reagierte ich ablehnend.

«Wollen Sie mich auf den Arm nehmen? Team Hu-Tschu-Hu-Wi hat garantiert keinen Blumentopf gewonnen.»

«Einen Blumentopf nicht. Aber den ersten Platz. Jetzt kommen Sie schon, zieren Sie sich nicht! Was sagen Sie dazu?»

Tja, was sagt man dazu? Erstens kommt es anders, zweitens als man denkt? Oder Ende gut, alles gut? Heute weiß ich nicht mehr, was ich dem Reporter in die Feder diktierte. Ich kann mich aber noch gut daran erinnern, wie herrlich das Gläschen Champagner schmeckte, mit dem wir später auf den unerwarteten Sieg anstießen. Natürlich fragten wir uns alle, was uns aufs Siegertreppchen gebracht hatte. Meine Eltern waren unter den Gästen gewesen, und mein Vater hatte auf dem Fragebogen jede einzelne Position mit der schlechtesten Punktzahl gewertet.

Die Auflösung kam, als ich zu einem späteren Zeitpunkt mit einem Jury-Mitglied ins Gespräch kam.

«Wieso haben wir gewonnen? Wir dachten, alles sei den Bach runtergegangen.»

Der Mann winkte ab.

«Ihr habt das kreativste Menü gekocht. Geschmack, Präsentation – da hat vieles gestimmt. Außerdem habt ihr vier Gänge geschafft, die anderen nur drei.»

«Doch in der Küche ging es zu wie im …»

Er lachte bloß. «Und selbst wenn. Ihr hättet mal den Zustand der Küche bei den anderen sehen sollen.»

Klar ist so ein Wettbewerb ein Anreiz für jeden Koch, alles andere wäre geschwindelt. Doch was mich noch mehr herausforderte, waren Kochdemonstrationen für Hauswirtschaftslehrerinnen. Das ist kein Spaß: Kochen für Hauswirtschaftslehrerinnen, veranstaltet vom Verband der Schweizer Milchproduzenten, wurde für mich zur ultimativen *Challenge.* Warum, ist leicht beantwortet: Lehrkräfte in der Hauswirtschaft sind in der Regel Frauen. Und zwar handfeste Frauen, denen man Fleisch am Knochen liefern muss. Sie können kochen. Sie lesen Kochbücher. Sie sind interessiert und kritisch. Sie denken strukturiert, organisieren ihre Aufgaben bis ins letzte Detail, überlassen nichts dem Zufall.

Ich weiß genau, wovon ich rede, denn ich bin mit einer solchen Frau verheiratet. Und weil mir das klar war, schluckte ich erst einmal trocken, als die Schweizer Milchproduzenten bei mir anriefen.

«Hätten Sie Lust, bei unseren Fachtagungen für Hauswirtschaftskräfte mitzuwirken? Gemeinsam mit Beate Widmer?»

Da schluckte ich gleich noch mal. Beate Widmer ist die Inhaberin von «Köstliches für Kenner» und zaubert dort eigenhändig am Backofen und Herd die schönsten Gaumenfreuden.

Wieder sagte ich zu. Die Herausforderung reizte mich.

Diesmal wurden wir nicht durch eine Glasscheibe beobachtet. Stattdessen ließen die Schweizer Milchproduzenten modernste Bild- und Soundtechnik auffahren, damit das Publikum auf einer kinotauglichen Leinwand bis ins letzte Detail mit ansehen konnte, wie Beate und ich arbeiteten.

Die Vorbereitungen begannen schon Wochen zuvor. «Kleine Häppchen. Große Wirkung.» «Hülsenfrüchte und Schottengemüse im Trend.» «Heute: Buffet-Party!» So und so ähnlich lauteten die Themen, die uns Ursula Lauper vorgab, die für die Schweizer Milchproduzenten das Projekt leitete. Dazu passend durften Beate und ich eine Handvoll Rezeptvorschläge ausarbeiten.

«Das ist ja wohl keine große Sache», dachte ich beim ersten Mal – und danach nie wieder. Denn gefragt waren keine Rezepte für Restaurantküchen. Die konnte ich aus dem Ärmel schütteln. Sondern solche, die in jeder Hauswirtschaftsschule nachgekocht werden konnten. Außerdem sollte, wen wundert's, in jedem Rezept ein Milchprodukt enthalten sein, ausschließlich einheimische Zutaten und keinerlei Luxusprodukte. Als ob das nicht schon reichen würde, sollten die Rezepte nicht zu arbeitsaufwändig sein sowie attraktive, bekömmliche und ernährungsphysiologisch ausgewogene Gerichte ergeben. Ich hoffe, ich habe nichts ausgelassen. Ah, doch, eines: Es durften nur Schweizer Käse, Schweizer Milchprodukte und Schweizer Öle verwendet werden.

Das fiel mir schwer, schließlich bin ich ein Verfechter von Olivenöl in der Küche. Und auch wenn die Schweiz eine wunderbare Heimat ist – Olivenbäume haben wir keine.

Wann immer ich vor so einer Aufgabe stehe, gehe ich in die Küche und fange an zu probieren. Zu testen. Zu feilen. Zu verwerfen und neu zu probieren. Im Grunde genommen arbeitet der Koch wie der Künstler. Oft ist es das «Weglassen», das am Ende zum gelungenen Rezept führt. Oder wie es Michelangelo ausdrückte: «Die Figur war schon im Stein. Ich musste nur alles Überflüssige weghauen.»

Die Tagungen fanden immer samstagvormittags statt. Beate und mir war klar, dass unsere Gäste eine lange Arbeitswoche hinter sich hatten und wir eine packende Kochdemonstration bieten mussten, damit keiner das Gefühl bekam, er hätte seine Zeit besser nutzen können. Wir waren bis in die Haarspitzen motiviert, während wir abwechselnd Gerichte zubereiteten, unzählige Fragen beantworteten und viele Tipps und Tricks zu Produkten und Kochtechniken gaben. Dabei verfolgte die Kamera jeden Handgriff, und ich war froh, nicht zum ersten Mal auf der Bühne zu stehen.

Es war natürlich kein typisches Showkochen. Während sonst die Unterhaltung im Vordergrund stand und Witz, Schlagfertigkeit und Charme gefragt waren, ging es den Hauswirtschaftslehrkräften ums Handwerk. «Und das bei mir!», dachte ich, wo ich mich doch außer beim Backen selten an Rezepte halte. Lebensmittel und Gewürze sind für mich, was dem Maler Farben auf der Palette sind: Möglichkeiten zum Experimentieren, Kombinieren und Erfinden. Sicher muss ein Gericht immer gut schmecken, aber nicht immer gleich. In einer *À-la-carte*-Küche, wo jedes Gericht und jede

Sauce *à la minute* zubereitet wird, ist genau diese Kunst gefragt. Beim Kochen für Hauswirtschaftslehrerinnen musste ich mich daher schwer am Riemen reißen. Irgendwie habe ich es hingekriegt.

Sieben Jahre standen Beate und ich zusammen auf dieser Bühne.

Einmal kam die Improvisationskunst doch zu ihrem Recht: Ein Showkochen für die Hauswirtschaftslehrerinnen fand statt im «Marriott Hotel» Zürich, einem 5-Sterne-Haus, in dem, wie überall auf der Welt, die Tische im Konferenzsaal 70 Zentimeter hoch sind. Arbeitstische in der Küche sind normalerweise 20 Zentimeter höher, und beim Gemüseschnippeln im Profitempo, was jeden Zuschauer fasziniert, macht das einen Unterschied.

Gerade war ich mit der Gemüsebrunoise für mein erstes Gericht «Mascarpone-Gemüse-Tatar in frittierten Kartoffelschalen» beschäftigt, als das Malheur passierte: Ich schnitt mir in den Finger. Oh! Wo war nur das Stück Fingernagel, das plötzlich fehlte? Und vor allem: Hat die Kamera etwas davon mitbekommen? Hatte sie nicht, also machte ich gute Miene zum bösen Spiel. Diskret schob ich den in Mitleidenschaft gezogenen Finger unter die Tischkante und wischte das Blut am Tischtuch ab, während ich mit den verbliebenen neun Fingern weiterschnippelte. Im Rekordtempo, versteht sich. Doch wo war das Stücklein Fingernagel? Die Kochdemonstration endete mit einer Verkostung, und da sollte besser kein Fingernagel im Gemüse-Tatar sein.

Jetzt musste ich improvisieren! Wie ein Profikartenspieler, der immer weiß, unter welchem Deck sich welche Karte versteckt, tippte ich, welches Gemüsehäufchen ich unauffällig zur Seite schieben musste, weil sich darin der Fingernagel verbarg. Schnell tat ich es beiseite.

Als die Kamera auf Beate schwenkte, flitzte mein Gehilfe los, um Pflaster zu besorgen. Doch leider war ich wieder dran, bevor er zurückkam. Also musste ich eine Jalousie mit mariniertem Kalbsfilet und Spinat mit neun Fingern zubereiten. Dann kam Beate wieder ins Bild – und endlich das Pflaster an meinen Finger. Doch oh Schreck, kaum knetete ich mit mehligen Händen den Teig für Kürbisstrudel mit Schinkenwürfelchen, klebte das Pflaster am Teig.

Schnell musste ich verhindern, dass die Kamera, die gerade voll auf mich hielt, den Fauxpas erfasste. Ich schaffte es, den Teig so auszuziehen, dass das Pflaster auf der Rückseite, für das Publikum unsichtbar, hängen blieb. Als der Strudel eingerollt war, schwenkte die Kamera wieder auf Beate – und ich konnte rasch das Pflaster verschwinden lassen. Was soll ich sagen? Tusch, Vorhang und Happy End!

✦ ✦ ✦

Während meiner Laufbahn nahm ich mehrmals an internationalen Kochkunstausstellungen teil und konnte in Bern, Stuttgart, Frankfurt und Basel jeweils Gold holen. Allerdings waren diese Eskapaden jedes Mal echte Herausforderungen für den normalen Betriebsablauf in der «Krone». Doch ich brauchte diese zusätzlichen Aufgaben. Seit 1978 war ich eidgenössisch diplomierter Küchenchef und wurde später noch Experte bei den Lehrabschlussprüfungen und den höheren Fachprüfungen für Küchenchefs. Das lag mir am Herzen, weil nichts schöner ist, als verdienten Kollegen zur Auszeichnung zu verhelfen und dem Nachwuchs den Weg nach oben zu ebnen.

Das allerdings war nicht immer einfach.

Zu Beginn der Lehrzeit haben fast alle Lernenden dasselbe Niveau. Die einen bringen vielleicht etwas Erfahrung aus dem elterlichen Betrieb mit, so wie ich. Die anderen haben zu Hause aus Spaß an der Freude den Kochlöffel geschwungen. Allzu große Unterschiede sind jedoch nicht auszumachen. Dann geht er los, der harte und steinige Weg durch Lehrküche und Gewerbeschule. Am Ende steht die Prüfung an. Wer sie besteht, erhält den Fähigkeitsausweis als Koch. Den Koch-Führerschein, wie ich gerne sage. Wer mir diesen Führerschein unter die Nase hält, sagt: «Ich beherrsche sämtliche Arbeitstechniken einer Küche. Ich bin firm in Warenkunde. Rechnen habe ich auch gelernt.»

So weit, so gut. Wie wir alle wissen, berechtigt uns ein Führerschein dazu, mit jedem Auto zu fahren, das uns im Sinn steht: Egal, ob wir einen kleinen Wagen wählen mit wenig PS unter der Haube oder einen dieser Rennwagen mit Straßenzulassung. Wer so einen Boliden wählt, macht besser noch einen Kurs, um ihn auch zu beherrschen. Ansonsten endet der Ausflug schnell im Straßengraben.

Beim Kochen liegen die Dinge ähnlich. Wer seinen Koch-Führerschein in der Tasche hat, kann entscheiden: Arbeite ich lieber im Schnell-Restaurant? In der gutbürgerlichen Küche? In einer Großkantine? Womöglich auf einem Kreuzfahrtschiff? Irgendwo im Ausland? Oder wage ich den Schritt und probiere meine Kunst in einem Michelin-Restaurant? Die Unterschiede sind riesengroß. In einer Großkantine zu arbeiten bedeutet, dass man in der Lage sein muss, am Fließband große Mengen Mahlzeiten herzustellen, die exakten Standards genügen. Die Gerätschaften dort sehen aus, als stammten sie aus der Geschichte «Gulliver bei den Riesen»: Schöpfkellen groß wie Schaufeln und Rührer in den Dimensionen eines Betonmischers. Wer dagegen im Michelin-Restaurant kochen möchte, braucht die Präzision eines Uhrmachers. Köche, die nicht exakt arbeiten, stoßen hier sofort an ihre Grenzen.

Zu denen zählte leider mein neuer *Souschef* in der «Krone». Sein Koch-Führerschein las sich einwandfrei. Charakterlich war er ein super Typ, wir waren rasch auf gleicher Wellenlänge. In der Küche, wo es auf engstem Raum heiß hergeht, ist mir das wichtig. Es schien zu passen, und ich freute mich darüber, ihn für die «Krone» gewinnen zu können. Was ich nicht wusste, war, dass ihm das gewisse Extra fehlte, das so schwer zu definieren ist. Nennen wir es Flair, Talent oder Gefühl. Wie auch immer, mein neuer *Souschef* hatte wenig davon.

Er konnte Garstufen nicht per Fingerdruck bestimmen, was in einer hervorragenden Küche unerlässlich ist. Seine Saucen waren an einem Tag zu dünn, am anderen Tag zu fade und am Tag darauf völlig ungenießbar. Einmal war der Fisch zu trocken, ein anderes Mal im Kern noch roh. Er brachte mich zum Verzweifeln. Dabei fehlte es keineswegs am guten Willen. Ganz im Gegenteil, er gab sein Bestes. So etwas kann einem schon beim Zusehen das Herz brechen, wenn man merkt: Selbst sein Bestes ist nicht gut genug. Vor allem, wenn dann noch der alltägliche Stress dazukommt: Den trockenen Fisch konnte ich nicht servieren. Den halbrohen auch nicht. Die Sauce ging wieder zurück. Es war zum Haareraufen.

Ich wusste genau, wie es dem Mann erging. Ich machte schließlich ganz ähnliche Erfahrungen – zum Glück auf anderem Gebiet. Auf dem Tennisplatz genügte es mir nicht, einfach nur

Bälle übers Netz zu dreschen. Auch wenn ich wusste, dass aus mir kein Boris Becker oder Pete Sampras mehr werden würde, war mir eine saubere Technik wichtig, und das nicht nur bei einer geschmeidig geschlagenen Vorhand. Trotzdem verlor ich die meisten Spiele, weil mir etwas Entscheidendes fehlte, nämlich das Ballgefühl. Ich stand immer ein wenig zu nahe oder ein wenig zu weit weg vom Ball. Daher traf ich ihn zu früh oder zu spät, was bei diesem Spiel ein entscheidender Faktor für Sieg oder Niederlage ist.

Ähnlich ging es mir mit der Handharmonika. Das ist ein Instrument, das mit dem Akkordeon und dem Schwyzerörgeli aus unserer Volksmusik nicht wegzudenken ist. Ich hatte Freude daran, zu spielen – doch mit dieser Freude blieb ich allein. Mir fehlte schlicht und einfach das Taktgefühl. Wenn die anderen im Dreivierteltakt musizierten, spielte ich einen Viervierteltakt – und alle fielen aus dem Rhythmus. Übertragen auf die Küche heißt das: Mein Souschef kochte im Viervierteltakt, während eigentlich ein Walzer gefragt war.

Eigentlich hätte ich das Arbeitsverhältnis so schnell wie möglich beenden müssen, doch dazu war ich nicht in der Lage. Stattdessen verstärkte ich meine Rolle als Aufpasser. Meinem ohnehin schon hohen Stresslevel tat das nicht gut.

✦ ✦ ✦

Zu dieser Zeit klingelte das Telefon. Ein Besuch kündigte sich an, der für jeden Koch so etwas wie ein Ritterschlag ist. Nein, kein Kanzler oder Präsident, Fernseh-Star oder Fußball-Gott wollte in der «Krone» speisen. Ein Ritterschlag ist es, wenn ein hochgeschätzter Kollege kommt, denn das ist eine Wertschätzung der ganz besonderen Art. In diesem Fall war es ein Küchenchef, vor dessen Leistung ich das Haupt neigte.

«Ich habe einen runden Geburtstag zu feiern», sagte er. «Ich bin schon jetzt gespannt, wie es bei dir schmeckt.»

Ein Satz mit Zündstoff! Ich musste sofort an meinen *Souschef* denken, an seine faden Saucen und den trockenen Fisch. Ja, mein Lieber, fuhr es mir durch den Kopf, als ich den Hörer auflegte. Ich bin auch schon gespannt, wie es dir bei mir schmeckt.

Am Tag seines Besuchs flatterten mir die Nerven. Interessanterweise lief mein Souschef wie durch ein Wunder zu Hochform auf. Sportlich gesagt, spielte er Roger Federer an die Wand. Alles war einwandfrei: die Sauce sämig und dezent exotisch mit rosa Pfeffer abgeschmeckt. Die Garstufe vom Hirsch-Entrecôte optimal. Die Beilagen ein Gedicht. Ich stand auf meinem Aufpasser-Posten, schnitt das Fleisch, legte es in den Saucenspiegel und warf einen Blick auf jeden fertigen Teller, bevor ihn der Service von der Anrichte nehmen durfte. Während des Schneidens schob ich mir wie immer ein kleines Stück Fleisch in den Mund, um sicherzugehen, dass es zart ist.

Dabei geschah es. Den Küchenchef im Restaurant zu wissen, der ganz gespannt war, wie es bei mir schmeckt, hatte mich derart verkrampft, dass der Bissen in der Speiseröhre stecken blieb. Ich schluckte vergeblich. Schon blieb mir die Luft weg, aber ich hielt irgendwie noch einen Moment durch, schnitt das restliche Fleisch auf und richtete die letzten Teller an. Dann schnappte ich mir die nächste Flasche Wasser und versuchte, das Stückchen hinunterzuspülen. Es war vergebliche Liebesmüh. Gleich darauf setzten schmerzhafte Krämpfe ein. Panik! Ich würde doch nicht etwa ersticken an diesem großen Tag? Einer meiner geschätzten Kollegen ehrt mich, mein Souschef läuft zur ungeahnten Form auf, und was tue ich?

Ohne Erklärung an meine Crew hastete ich hinauf in die «Berner Stube», die wir für Bankette und Sitzungen nutzten und die an diesem Abend frei war. Dort sackte ich zu Boden in unkontrollierbaren Spasmen. Ich wollte nach Hilfe rufen, aber ich brachte keinen Ton heraus. Hatte mein letztes Stündchen geschlagen? Ich wusste nichts von der hellen Aufregung in der Küche. Dass der Chef mitten im Geschehen fluchtartig das Weite sucht, hatte es in all den Jahren noch nie gegeben. Grund genug für die Crew, Therese zu alarmieren. Die roch sofort Lunte und machte sich auf die Suche nach dem Unglücksraben. Als sie mich fand, alarmierte sie den Hausarzt. Er verpasste mir eine Injektion, die den Krampf lösen sollte, jedoch keine Wirkung zeigte.

Bis zu diesem Zeitpunkt hatte ich mir nie Gedanken über das Schlucken gemacht. Dabei tun wir das rund 1000 Mal pro Tag, was sich auf viele Millionen Male im Laufe unseres Lebens summiert. Wahrscheinlich war das der Grund für das Unglück – Schlucken ist eine reine Routine, die «man halt so macht». Stimmt aber nicht: Es ist ein hochkomplexer Vorgang, bei dem sehr viele Muskeln und Nerven beteiligt sind. Wie so oft lernt man nützliche Dinge erst, wenn es fast zu spät ist. Gegen Mitternacht wies mich der Hausarzt als Notfall ins Insel-Spital Bern ein. Dort blieb den Ärzten nichts anderes übrig, als das Corpus delicti operativ zu entfernen.

Als ich aus der Narkose aufwachte, hatte ich zwei Gedanken: Wie hat meinem Gast das Menü gemundet? Und warum um alles in der Welt ist mir das passiert? Ich fühlte enorme Dankbarkeit meiner Crew, Therese und den Ärzten gegenüber. Mir war jedoch auch klar, dass es nicht alleine das fehlende Kochtalent meines *Souschefs* gewesen sein konnte, das mich in so eine große Anspannung versetzt hatte. Zwar dauerte unsere Zusammenarbeit nicht mehr lange an, trotz aller Sympathie. Doch alles in allem war es der allgemeine Druck, der für diesen Vorfall verantwortlich war. Noch sah ich keinen Weg, mich von ihm zu lösen. Bis sich dieser Weg von ganz allein zeigte.

Pouletbrust mit Scampi im Parmaschinken-Wickel

Das Rezept liest sich komplizierter, als es ist. Im Grunde genommen kann nicht viel schieflaufen, und bei den Gästen kann man immer damit punkten.

Für 4 Personen benötigen Sie:

4 Scampi oder Riesen-Krevetten, geschält

4 Pouletbrüste, wenn möglich mit Haut und Knochen

4 lange Tranchen Parmaschinken

40 g Bratbutter

1 Schalotte, fein geschnitten

Salz, weißer Pfeffer aus der Mühle

150 g Geflügelfond oder Hühnerbouillon

Butter zum Bepinseln

- Scampi oder Krevetten auf der Rückseite circa 1 mm einschneiden und den Darm entfernen (gut, wenn das schon beim Händler erledigt wurde). Brüste seitlich längs und tief einschneiden, die Scampi einlegen. Mit wenig Salz und Pfeffer würzen, Brust mit Parmaschinken umwickeln. Nehmen Sie eine Pfanne, in der die Brüste genügend Platz haben.
- Bratbutter darin erhitzen, eingewickelte Pouletbrüste in die Pfanne geben, rundum Farbe nehmen lassen, Schalotten beigeben, kurz andünsten und ein Drittel des Fonds beigeben.
- Im auf 220 °C vorgeheizten Ofen ca. 15 Minuten garen, bis Kerntemperatur 60 °C erreicht ist. Dabei ab und zu mit Butter bepinseln. Brüste aus der Pfanne heben und warm stellen, Pfanne mit Fond für Sauce weiterverwenden.

Sauce

100 g	Weißwein
50 g	trockener Sherry
20 g	weißer Balsamico
2	Eigelb
80 g	Butter
40 g	geschlagener Rahm

Nach Belieben Estragon oder Kerbel, gehackt

Salz, weißer Pfeffer aus der Mühle

Balsamico-Glace zum Garnieren

- Restlichen Fond in die bereits zum Garen der Brüste verwendete Pfanne geben; Weißwein, Sherry und weißen Balsamico beigeben, aufkochen und zur Hälfte einkochen, in passende Chromstahlschüssel absieben. Butter erhitzen, bis sie leicht haselnussbraun ist, warmstellen. Eigelb zu eingekochtem Fond geben. Die Schüssel auf eine Pfanne mit kochendem Wasser stellen, so dass der Dampf den Boden der Schüssel erwärmt. Mit dem Schneebesen zu Sabayon aufschlagen. Schüssel vom Dampf wegnehmen, Butter im Faden einrühren. Schlagrahm und Estragon oder Kerbel unterziehen. Mit Salz und Pfeffer abschmecken.
- Zum Anrichten Sauce auf vorgewärmte Teller geben, Pouletbrust diagonal halbieren. Die Hälften in die Sauce legen und mit einem Faden Balsamico-Glace umgeben.

Der Brand

Vor mir stand die «Krone» lichterloh in Flammen, und drinnen war Therese. Die Kleider nass machen!, schoss es mir durch den Kopf. Doch dafür war weder Zeit noch Gelegenheit. Ich holte tief Luft und rannte auf das Haus zu. Mit ein paar Sätzen war ich im ersten Stock. Therese war in der Wohnung.

«Es brennt!», rief ich.

Fiel sie in Ohnmacht? Bekam sie einen hysterischen Anfall? Aber doch nicht Therese! Natürlich fuhr ihr der Schreck bei meinen Worten mächtig in die Glieder. Doch dann kam sie in Aktion, wie ich auch. Vielleicht ist es der ewige Drill in Küche und Service, der es uns ermöglichte, so schnell zu reagieren. Zumindest waren wir das Leben lang darin geübt, uns auf alle Arten von unerwarteten Situationen einzustellen.

Zum Glück, dachte ich, sind Barbara und Susanne bei den Großeltern, während ich ins zweite Obergeschoss lief. Dort war der Hydrant. Ich riss das Wendrohr aus der Halterung, drehte den Hahn auf und zog den Schlauch bis zur Brandabschnittstür. Dort zögerte ich. Von der anderen Seite vernahm ich Geräusche, die ich nicht hören wollte. Wer hätte gedacht, dass ein Feuer derart laut ist! Hinter der Tür musste es infernalisch wüten. Was passierte, wenn ich sie öffnete? Würden die Flammen über mir zusammenschlagen? Fachte der Durchzug das Feuer erst richtig an? Von unten drangen Sirenen an mein Ohr. Ich gab den Versuch mit dem Wendrohr auf und lief die Treppe hinab.

Vor dem Haus stieß ich auf Kurt Beck, den Kommandanten der

örtlichen Feuerwehr. Seine Stimme klang sachlich und kompetent. Das war Balsam für meine Nerven!

«Sind noch Leute im Haus?», fragte er.

Ich war mir nicht sicher. «Vielleicht in der Galerie?»

«Ich schicke ein paar Männer rein.»

Falls Sie jemals daran gezweifelt haben, ob die vielen Übungsstunden der Feuerwehrleute Sinn machen – nach einem Feuer im eigenen Haus zweifeln Sie nie wieder daran. Becks Anweisungen waren kurz und klar: Straße absperren! Verkehr regeln! Pumpen in Position bringen! Schläuche legen! Leitern stellen! Männer in Schutzanzügen und mit Atemschutzgeräten näherten sich der Galerie. Zum Glück, zum großen Glück, zum allergrößten Glück fanden sie dort niemanden vor.

Obwohl ein Teil von mir fassungslos das Feuer betrachtete, sah ein anderer Teil auch mit Ehrfurcht, was geschehen kann, wenn Menschen anderen Menschen in einer Notlage beistehen. Natürlich hatten wir in Bätterkinden keine Berufsfeuerwehr. Dafür hatten wir den Dachdeckermeister, den Postboten, den Landwirt, den Verwaltungsangestellten, die alle über politische und soziale Grenzen hinweg dafür sorgten, dass die «Krone» nicht gänzlich ein Raub der Flammen wurde.

Über zahlreiche Rohre pumpten sie Unmengen von Wasser ins Gebäude. Auf einmal fiel mir ein: der Weinkeller! Dort lagerte ein Vermögen! Mehr als dreihundert Sorten ausgewählter Weine! Wird er überflutet, wäre das gar nicht auszudenken! Selbst für diese Sorgen hatte Kurt Beck ein offenes Ohr.

«Können wir eine Pumpe aufstellen?», fragte ich.

Er dachte kurz nach. «Wo ist der tiefste Punkt im Gebäude?»

«Im Liftschacht.»

Kurt Beck gab neue Anweisungen. Die Feuerwehrleute schwärmten durchs ganze Haus. Aus dem Schlafzimmer, dem Büro, dem Kinderzimmer, der Küche und dem Restaurant schleppten sie kistenweise Material ins Freie: Kleider, Geschirr, Möbel, die Registrierkasse. Einer trug die antike Pendule aus der «Berner Stube». Die alte Uhr hatte 1882 den Dorfbrand überlebt, als die «Krone» zusammen mit siebzehn anderen Häusern schon einmal abgebrannt war. Nun sollte sie auch den Brand hundertdreizehn Jahre später überleben.

Kurt Beck dachte an alles. Als der Berg unserer Habseligkeiten anwuchs, stellte er eine Wache ab, damit nichts gestohlen wurde.

Trotz aller Schutzmaßnahmen kommt es bis zum heutigen Tage immer wieder zu Bränden in Hotels und Restaurants. Während ich an diesen Zeilen arbeite, lese ich in der Zeitung, dass einem der berühmtesten Restaurants in Deutschland das gleiche Schicksal widerfahren ist: Das historische Stammhaus des Hotels «Traube Tonbach» in Baiersbronn brannte bis auf die Grundmauern ab. Davon waren das Restaurant «Schwarzwaldstube» mit drei Michelin-Sternen und das Restaurant «Köhlerstube» mit einem Michelin-Stern betroffen.

Natürlich hätte ich mich vorher schon mal damit befassen sollen, was im Falle des Falles als Erstes rausgetragen werden muss. Das habe ich nie getan. Trotzdem griffen Therese und ich intuitiv zu den richtigen Sachen: dem Computer und der Agenda, die, wenn man so will, das Gehirn unseres Geschäftes darstellten. Urkunden und Verträge lagen glücklicherweise in einem feuerfesten Tresor.

Bis jetzt hatten wir unsere Gefühle im Griff gehabt. Vielleicht sorgte auch das Adrenalin dafür. Doch als Kurt Beck verkündete, dass die «Krone» aus Sicherheitsgründen nicht mehr betreten werden durfte, gingen mir die Gäule durch. Dem Verbot zum Trotz rannte ich erneut ins Haus, um aus unserer Wohnung Fotoalben, Briefe und ein paar unersetzbare persönliche Dinge zu holen. Während ich die Treppe hochhastete, kamen mir reißende Bäche entgegen. In jeder Schublade, die ich aufzog, stand das Wasser. Aus der Decke regnete es in Strömen. Falls mir Tränen über die Wangen liefen – es war überall so nass, dass ich es nicht bemerkt hätte.

Kaum war ich wieder draußen, trat Thomas Nussbaumer auf mich zu. Er war Mitglied in unserem Gemeinderat und hatte einen Vorschlag, wo wir eine Bleibe finden konnten. In einem Mehrfamilienhaus im Ort war zurzeit eine Wohnung frei. Wunder über Wunder: Als wir eintrafen, hatte die Feuerwehr bereits die meisten unserer Habseligkeiten dorthin gebracht. Ich kann die Leistung dieser Menschen gar nicht genug loben!

Was machen ein Koch und eine Weinkennerin, denen gerade das Haus abgebrannt ist? Therese und ich stellten eine Kerze auf, ich schnitt ein paar Scheiben Bauernbrot ab, sie öffnete eine Flasche Rotwein. Überall standen Kisten und Möbel. Dazwischen hockten wir, todmüde und bestürzt über das, was soeben geschehen war. Anderswo in der Welt nahmen die Dinge ihren Lauf, so wie sie immer ihren Lauf nehmen. An diesem schicksalsträchtigen Tag hat Boris Becker in Wimbledon zehn Jahre nach seinem Sieg als 17-jähriger sein Comeback gefeiert. Er fegte im Halbfinale Andre Agassi, die damalige Nummer 1 der Welt, vom Platz. Davon las ich Tage später. Jetzt war nur eine große Leere in mir, die nichts anderes mehr zuließ.

Als ich am nächsten Tag vor der «Krone» stand, konnte ich es geradezu körperlich spüren: Dieses Haus war tot. Der Dachstuhl und das zweite Obergeschoss waren völlig ausgebrannt. Erster Stock, Erdgeschoss und Keller trieften vom Löschwasser. Es stank entsetzlich nach nasser Asche, verkohltem Holz, geschmolzenen Kunststoffen und Textilien. Falls mich jemand beobachtete, sah er einen Mann, der ratlos in Trümmern stocherte. Der hier und da eine Pfanne aufhob oder eine Schüssel. Der vergeblich eine Taste am Umluftofen und an der Vakuummaschine drückte. Der hilflos vor vom Wasser durchweichten Zuckersäcken stand.

Wenn ich zurückblicke, drängen sich Erinnerungen in den Vordergrund, die sich mit dem beschäftigen, was dann alles zu tun war:

Als Erstes stand die Frage nach der Versicherung im Raum. Waren wir genügend versichert? Ich war nicht darauf gefasst, als mir Schadensexperten der Gebäude- und der Mobiliarversicherung erklärten: «Wir müssen zuerst abklären, ob Sie genügend versichert sind. Im Fall einer Unterdeckung müssen Sie mit erheblichen Abzügen rechnen.» Nach dieser schlechten Nachricht standen uns Tage bangen Wartens ins Haus. Wenn man jahrein, jahraus vor sich hinarbeitet, kann es passieren, dass man diese wichtigen Dinge aus den Augen verliert.

In der Zwischenzeit kümmerten sich Spezialisten der Polizei um die Ursache des Brandes. Als ich mich erkundigte, ob sie schon etwas wüssten, traf ich auf eine Mauer des Schweigens. «Keine Auskunft», war das Einzige, was ich zu hören bekam. Trotzdem sickerte etwas durch. Es gibt Fälle, bei denen der Hauseigentümer selbst das Feuer legt. Bald dämmerte es mir: In den

Augen der Polizei war ich ein potenzieller Brandstifter. Damit hatte ich nicht gerechnet. Für mein ohnehin schon angespanntes Nervenkostüm war es der nächste harte Schlag.

Rückblickend muss ich sagen, dass es mir in den Tagen und Wochen nach dem Brand kaum gelang, im Glauben Trost zu suchen. Zu der Zeit, als der Brand ausbrach, saß ich noch auf dem Thron des Gourmet-Kochs, zu dem Leute von nah und fern pilgerten. Hatte ich nicht Goldmedaillen gewonnen? Hielt man es nicht für eine Ehre, mich zu Kochdemonstrationen einzuladen? Hilfe zu suchen und anzunehmen – sogar von meinem Schöpfer – war etwas, das ich erst lernen musste. Demut kommt nicht von alleine, sie wird in schweren Zeiten hart errungen. Zum Glück ist Gott mit den Schwachen! Das war die wichtigste Erfahrung in diesen Zeiten der Not: dass man in der Schwäche Stärke finden kann.

Allerdings wurde mir das erst rückblickend deutlich. Damals, als ich vor dem toten Haus stand, das Stunden davor noch die strahlende «Krone» gewesen war, und in den Trümmern meiner Existenz herumstocherte, hätte ich diesen Satz nicht schreiben können. Aber Gott steht uns auch dann bei, wenn wir kaum die Kraft haben, ihn darum zu bitten.

Ich hätte in der Bibel, diesem Buch, das mir so ans Herz gewachsen war, Trost finden können. Zum Beispiel in Psalm 63,9: «Ich klammere mich an dich, und du hältst mich mit deiner starken Hand.» Oder in 2. Korinther 12,9, wo Gott sagt: «… denn meine Kraft ist gerade in den Schwachen mächtig.»

Aber in diesem Moment war ich einfach nur leer.

Heute weiß ich, dass mir mein Glaube hilft, egal, was kommen mag. Unzählige Male habe ich dies erfahren.

In diesen Tagen erhielten wir viel Anteilnahme. Menschen besuchten uns, schrieben Briefe, riefen an. Es waren höfliche Floskeln darunter, doch ganz oft kam es von Herzen.

«Lasst es uns wissen, wenn wir etwas für euch tun können», hörte ich. Das tat gut, auch wenn klar war, dass uns bei den beiden drängendsten Fragen niemand helfen konnte: Wie würde sich die Versicherung entscheiden? Und – damit fest verbunden – was war die Ursache des Brandes?

Beide Fragen wurden fast zeitgleich beantwortet. Erst trudelte der Bescheid der Versicherungen ein. Sie würden für den Schaden voll aufkommen. Der Stein, der mir vom Herzen fiel, war so laut wie das Donnern einer Lawine! Dann meldeten sich die Spezialisten der Polizei zu Wort. Sie hatten die Ursache des Brandes herausgefunden: ein elektrischer Glimmbrand. Brandstiftung konnte zum Glück ausgeschlossen werden.

Nun konnten wir uns in die vielen Aufgaben stürzen, die vor allem mit Versicherungs-Fragen zu tun hatten: Das Biedermeier-Sofa, das verbrannt ist: Welchen Wert hatte es? Das kaputte Kombirührwerk und die Silberpoliermaschine – können die repariert werden? Ist Wasser in die elektronische Steuerung der Abwaschmaschinen eingedrungen? Was ist mit den Einbauten der Buffetanlage? Können die saniert werden oder muss man sie ersetzen?

Es waren unzählige Fragen zu klären, und ich kam mir vor wie Sisyphos, der auf ewige Zeiten einen Felsblock den Berg hinaufwälzen muss, nur um mit anzusehen, wie dieser, fast am Gipfel angelangt, wieder ins Tal hinabrollt. Denke ich daran zurück, habe ich noch immer den Brandgeruch in der Nase, der uns noch lange verfolgen sollte.

Jeden Tag, jede Stunde, jede Minute stellten Therese und ich uns die Frage, wie es weitergehen sollte. Neben dem Gourmet-Restaurant gab es in der «Krone» noch das «Dorfbeizli» und seit einiger Zeit eine Kunstgalerie, die von einem Galeristen aus Solothurn betrieben wurde. Wieder und wieder diskutierten wir jede Möglichkeit. Sollten wir die Brandruine verkaufen? Für einen Investor könnte ein Bauplatz mitten im Zentrum von Bätterkinden mit genügend Parkplätzen ein interessantes Projekt werden. Vieles sprach dafür, vieles sprach auch dagegen. Wieder meldete sich die Gebäudeversicherung zu Wort. Falls wir diese Option wählten, ließ man uns wissen, könnten wir nur mit einer sehr bescheidenen Versicherungssumme rechnen.

Noch während wir uns diese Fragen stellten, musste das Gebäude gesichert werden. Spezialisten einer Brandsanierungsfirma begannen, sämtliche Chromstahlmöbel zu reinigen. Löschwasser ist so aggressiv, dass es selbst rostfreien Stahl angreift, dem musste man entgegenwirken. Ich sah den Leuten zu, wie sie mit Zahnbürsten auch die kleinsten Ritzen der verchromten Schubladen schrubbten, bevor mich andere Pflichten riefen: Gäste mussten informiert und Reservierungen annulliert werden. Die nächste Sisyphos-Arbeit war die Rekonstruktion unserer Buchhaltung. Wir hatten Hunderte von Belegen vor dem Feuer retten können, die allerdings klatschnass geworden waren. Also hängten wir sie an die Wäscheleine zum Trocknen.

Als die Sicherheit im Gebäude gewährleistet war, inszenierte unser Galerist eine Ausstellung, die großes Aufsehen erregte. Er präsentierte Gemälde in den ausgebrannten Räumlichkeiten. Auch wenn mir das Herz dabei blutete, war der Effekt nicht von der Hand zu weisen. Der Kontrast der Bilder im Goldrahmen vor verkohlten Wänden war grandios.

Unsere Zusammenarbeit war für beide Seiten sehr befruchtend gewesen – eine klassische Win-Win-Situation. Seine Kunden wurden oft zu unseren Gästen und umgekehrt. Die Vernissagen und Ausstellungen brachten neue Leute ins Haus, und wir profitierten beide von unserer Medienpräsenz. Ich hatte Verständnis dafür, dass er sich nun ebenfalls Gedanken machte, wie es mit der Galerie weitergehen sollte. Eine «Brand-Ausstellung» sorgt beim kunstaffinen Publikum für einen Aha-Effekt, aber eine längerfristige Lösung wäre das wohl kaum. In Solothurn, das nicht umsonst als schönste Barockstadt der Schweiz bezeichnet wird und das eine reichhaltige Kunst- und Kulturszene bietet, bot sich ihm die Gelegenheit, eine Galerie in einem der historischen Gebäude in bester Lage zu mieten. Bis es in der «Krone» weitergehen würde – wenn es überhaupt weitergehen sollte –, konnte noch viel Unvorhergesehenes passieren. Unsere Wege trennten sich.

Der Wegzug des Galeristen war daher ein echter Einschnitt. Erneut stellten wir uns die Frage: Bauen wir alles auf wie vorher? Mit einem gehobenen Feinschmecker-Restaurant und einer Gaststube für die Dorfbevölkerung, die auf ein Bier und zum Kartenspielen vorbeikommt? Und mit einer neuen Kunstgalerie? Als wir die Fühler nach einem anderen Galeristen ausstreckten, fand sich niemand. Auch sonst gab es keinen Interessenten für diese Räumlichkeiten.

Wie in jedem Betrieb, in dem die Einnahmen von einem Moment auf den anderen zum Erliegen kommen, die laufenden Kosten jedoch nicht, drängte die Zeit. Mit jedem Tag, der ins Land ging, rutschten wir mehr und mehr in Richtung rote Zahlen. Dazu kam, dass die Ungewissheit über die Zukunft gewaltig an den Nerven zerrte. Vielleicht ließen wir uns deshalb zu einem Schritt verleiten, den wir später bitter bereuen sollten. Wer weiß, wie die Entscheidung ausgefallen wäre, wenn wir mehr Zeit dafür gehabt hätten. Doch das war nicht der Fall.

Gebrannte Creme

Gute Rezepte überdauern Katastrophen. Deshalb sollten Sie unbedingt diese leckere gebrannte Creme probieren! Das Rezept habe ich von Frédy Girardets Rezept für «Glace au caramel» abgeleitet. Das Geniale daran ist die Verwendung von Würfelzucker anstelle von Grießzucker. In der Verfärbung geht der Zucker von Weiß auf ein dunkles Karamell über. Wenn Sie den kalten Rahm dazugießen, erfolgt weder Zischen noch Aufschäumen – ein Phänomen, das ich mir nicht erklären kann.

Für 6 Portionen benötigen Sie:

200 g	Würfelzucker
1	Vanillestängel, längs halbiert und die Samen ausgekratzt
160 g	Rahm
4	Eigelb
160 g	Milch
1	Streifen Zitronenzeste (mit dem Sparschäler einen Streifen abschneiden)
1	Prise Salz
160 g	Rahm, geschlagen

- Zucker, Vanillestängel und -samen in eine Kasserolle mit dickem Boden geben. Die Würfel sollen den Boden decken, aber maximal eineinhalb Schichten hoch liegen. Auf kleinem Feuer langsam erhitzen. Erst wenn der größte Teil des Zuckers zu dunklem Karamell geworden ist, mit dem Kochlöffel behutsam rühren, bis der ganze Zucker karamellisiert ist. Die Kasserolle vom Feuer nehmen, Rahm darauf gießen. Wieder auf kleinem Feuer mit dem Kochlöffel rühren, bis der Karamell im Rahm aufgelöst ist, dann vom Feuer nehmen.

- Eigelb in Schüssel aufschlagen. Milch, Zitronenzeste und Salz aufkochen, auf ca. 80 °C abkühlen lassen, langsam unter ständigem Rühren zum Eigelb gießen, dann in den Karamell einrühren. Vorsichtig unter ständigem Rühren auf 84 °C erhitzen, in Schüssel absieben, auskühlen lassen. Schlagrahm unterziehen.

Willkommen, Kultur – Auf Wiedersehen, Sterne!

Zu dieser Zeit hielt ich in meinem Tagebuch fest: «Am Anfang dieser neuen Arbeitswoche türmt sich alles wieder zu einem großen Berg auf, den ich kaum überschauen kann. Die Last des Alltags ist wie ein Krebsgeschwür. Es breitet sich überall aus, greift alles an und in der Nacht raubt es mir den Schlaf.»

Die psychische Belastung war so groß, dass ich zeitweise sogar wieder die Medikamente von früher einnahm. Nach zwei Monaten waren die Schäden durch das Löschwasser im Erdgeschoss der Krone so weit saniert, dass wir den Betrieb wieder aufnehmen mussten. Bewusst schreibe ich «musste». Genau so war es. Wieder war es eine Versicherung, die den Takt vorgab, in diesem Fall die Betriebsausfall-Versicherung. Sie bezahlte so lange, bis die nötigsten Arbeiten ausgeführt waren, damit der Betrieb wieder aufgenommen werden konnte. Dass wir nur theoretisch funktionsfähig waren, war da nicht von Belang.

Doch mal ehrlich: Wer um alles in der Welt besucht ein Gourmet-Restaurant, das von oben bis unten eine Baustelle ist? Am Gerüst hingen die Plakate der Firmen, die sich um die Sanierung kümmerten. Von draußen war es ein deprimierender Anblick, drinnen war es nicht besser. Ich konnte nicht sagen, was mir mehr zusetzte: Der Anblick der Registrierkasse, die so gut wie keine Umsätze zu verzeichnen hatte, oder in diesem traurigen Umfeld arbeiten zu müssen.

Obwohl ich in dieser Zeit meinem Tagebuch wenig Positives anvertrauen konnte, versuchten Therese und ich, das Beste aus der verkorksten Situation zu machen.

«Die Fassade am Gerüst ist grauenhaft», waren wir uns einig. «Warum organisieren wir nicht einen Wettbewerb, um das zu ändern?»

Gesagt, getan. Die Rahmenbedingungen hatten wir schnell festgelegt: Jeder Hobby-Künstler, der sich beteiligen wollte, erhielt zwei Sperrholzplatten, die zusammengefügt eine Fläche von 6,25 Quadratmetern ergaben. Mit Öl- oder Acrylfarben entstanden darauf Kunstwerke, aus denen eine Jury den Sieger erkor. Während ich das schreibe, blicke ich auf ein Foto, das mir die Kunst am Bau noch einmal vorführt. Die konnte sich in der Tat sehen lassen. Der Wettbewerb brachte ein wenig Freude in unser Leben, jedoch nicht die erhofften Gäste ins Haus. Die Fassade der «Krone» war zwar ansehnlicher geworden, ihr Innenleben war jedoch noch immer vom Brand beeinträchtigt.

Wieder steckten wir die Köpfe zusammen. Ein schmerzhafter Einschnitt, wie wir ihn erlebten, kann auch eine Chance sein, Vergangenes kritisch unter die Lupe zu nehmen und neue Wege zu beschreiten. Der Titel «Gourmet-Restaurant», der uns seit einigen Jahren anhaftete, tat zwar meinem Ego gut, schadete aber der Kasse. Obwohl unsere Preise nie höher lagen als die der Konkurrenz, hatten wir deutlich gemerkt, wie unsere kulinarischen Auszeichnungen potenzielle Gäste abschreckten. Unser gutgehendes Mittagsgeschäft hatte in den Jahren einiges ausgeglichen. Doch auch hier gab es Einbußen.

In den Achtzigerjahren herrschte in der Schweiz wie auch in Deutschland eine anhaltende Hochkonjunktur. Dann platzte die Immobilienblase, mit immensen Folgen für die Bankenlandschaft. Von 1990 bis 1995 kollabierte jede dritte Schweizer Bank. Besonders betroffen waren Regionalbanken, die sich oft zu riskanten Kreditgeschäften mit Finanzspekulanten hatten verleiten lassen. Bei uns in der Gegend war die Berner Kantonalbank betroffen, die einen Verlust von über 3 Milliarden Franken verzeichnete. Doch auch die Großen traf es: Zwei Jahre vor dem Brand verschwand die Schweizer Volksbank von der Landkarte. Das alles hatte Auswirkungen auf die Industrie – was man zu spüren bekommt, wenn man ein Restaurant führt. Geschäftsessen, Firmenevents und Spesenbudgets für die Mittagspause gehören immer zu den ersten Sparmaßnahmen. Wenn es auf den Chefetagen heißt: «Wir müssen jetzt alle den Gürtel enger schnallen», gehen in der Gastronomie alle Warnlampen an.

Wir schauten uns nach allen Richtungen um. War es sinnvoll, weiterhin nach Sternen und Kochmützen zu streben, wenn wir in den Medien zwar in den Himmel gelobt wurden, die Leute aber lieber woanders Essen gingen? Hatte ich nicht von meinem Vater, und dann von allen anderen Lehrmeistern, die mich auf dem Weg zum Koch-Olymp begleitet hatten, gelernt, dass es vor allem darauf ankam, aus den Zutaten, die uns zur Verfügung stehen, das Beste zu machen? Galt dieses Prinzip nicht auch für das ganze Haus? Mit der «Krone» stand uns ein prächtiges Gebäude zur Verfügung, das nach der Sanierung in neuem Glanz erstrahlen würde.

Wir spürten, dass daraus noch mehr zu machen war als ein Feinschmecker-Restaurant, kombiniert mit einer Dorfwirtschaft. Hatte uns die Kooperation mit dem Galeristen aus Solothurn nicht Horizonte eröffnet? Um alle Möglichkeiten auszuloten, nahm Therese an einem Seminar über neue Trends in der Gastronomie teil. Einige davon hatte ich selbst in ihrer Entstehung begleitet, wie das Schaukochen, das sich mittlerweile in vielen Restaurants durchgesetzt hatte. Was gab es noch, von dem wir nichts wussten? Geleitet wurde das Seminar von einem Mann, der zu dieser Zeit als wahrer Guru der Erlebnisgastronomie gehandelt wurde. In vielen Gastronomie-Foren beschrieb er die Zukunft unseres Gewerbes. Wäre es eine Möglichkeit, mit seiner Expertise unsere «Krone» auf eine neue, erfolgversprechende Spur zu bringen?

Wir setzten uns mehrfach zusammen und ließen uns von seiner Vision überzeugen: Wir wollten das kulinarische Erlebnis mit einem kulturellen verbinden. So entstand unser Kultur- und Kulinarik-Konzept.

Als es stand, legten wir sofort los.

In den Wochen vor der Wiedereröffnung arbeiteten Therese und ich noch mehr als sonst – falls das überhaupt möglich ist. Wenn heute ein Sanierer eines Altbaus stöhnt, dass ein Neubau die weitaus kostengünstigere und schnellere Variante ist, weiß ich, wovon er spricht. Die «Krone» wieder auf Vordermann zu bringen war wie ein Fass ohne Boden. Immer wieder dachte ich über die Ursache des Ganzen nach: den Glimmbrand. Der nicht zu vermeiden gewesen war, wie uns die Fachleute inzwischen bestätigt hatten.

Weil die Böden zwischen den Stockwerken aus Holzschichten bestanden hatten, die mit Schlacke aufgefüllt waren, hatte man früher die Stromleitungen in Bleiröhrchen zwischen diesen Schichten verlegt. Im Laufe der Zeit hatte das Holz gearbeitet und begonnen, an den Rohren zu reiben. Eines Tages war eines davon durchgescheuert. Als Strom durch die Leitung floss, fing es an zu glimmen. An jenem schicksalsträchtigen Mittwoch fing das umgebende Holz Feuer. Weil der Galerist über dieser Stelle sein Lager mit leicht brennbaren Materialien hatte, fanden die Flammen genug Nahrung, um sich rasend schnell auszubreiten.

Nun war endlich alles wieder hergerichtet. Nach sechzehn Monaten war es so weit: die Neueröffnung der «Krone» mit geänderter Ausrichtung, die von den Medien mit Argusaugen beobachtet wurde.

«Kultur Quelle Krone» lautete unser neuer Name, und der war Programm: In der Kunstgalerie gab es kulturelle Veranstaltungen, die von mir kulinarisch umrahmt wurden. Im Gartensaal im Erdgeschoss war eine Kochbühne eingebaut, auf der ich mit Prominenten Kochevents inszenierte und Kochdemonstrationen gab. Das «Dorfbeizli» öffnete wieder als Gaststube für jedermann.

Auch das Restaurant erstrahlte im neuen Glanz. Die größte Änderung darin war der Abschied von unserem Anspruch als Gourmet-Lokal. An diesem Teil des Konzepts hatte ich am meisten zu kauen, auch wenn ich selbst das Für und Wider oft genug abgewägt hatte. Trotzdem sollte mir der Abschied von der Sterne-Küche am Ende schwerer fallen als ich erwartet hätte.

Zunächst gab es jedoch keine Zeit für Trennungsschmerz, weil uns die Organisation des kulturellen Programms schwer auf Trab hielt. Therese und ich waren in der Gastronomie bestens vernetzt – da gab es kaum jemand von Rang und Namen, den wir nicht kannten. In die Kulturszene mussten wir uns erst einarbeiten. Schnell wurde deutlich, dass wir dazu einen Partner mit den richtigen Beziehungen benötigten. Während ich das schreibe, kann man in Deutschland Kultur- und Eventmanagement an drei Universitäten, sieben Fachhochschulen und einer Kunsthochschule studieren. In der Schweiz ist das Angebot ähnlich breit gefächert.

Das war in den 90er Jahren noch ganz anders. Wer sich damals Kulturmanager nannte, hatte sich seine Meriten in der alternativen Theaterszene, in Musik-Clubs oder beim kommunalen Kino verdient. Die Kulturmanager von damals fingen unten an und arbeiteten sich stetig nach oben. Unser neuer Partner war genau diesen Weg gegangen. Er zeigte sich begeistert von dem, was wir aufziehen wollten, zog alle seine Register und schaffte es, uns hochkarätige Künstler ins Haus zu bringen.

Wenn sich heute Promis fürs perfekte Dinner vor laufender Kamera treffen, Tim Mälzer die Koch-Elite zum Duell in seiner «Kitchen Impossible» herausfordert, Starköche Gerichte bei «The Taste» blind testen müssen, die Sterneköche Björn Freitag und Alfons Schuhbeck vor der Kamera am Herd stehen oder in der «Küchenschlacht» ein Spitzenkoch nach dem besten Hobbykoch fahndet, ist jedem klar: Koch-Shows boomen noch immer, und ein Ende ist nicht abzusehen.

Mit der «Kultur Quelle Krone» gehörten wir zu denen, die diesem Trend mit den Weg ebneten. Wer zu den Ersten gehört, muss sich sein Publikum erarbeiten – oder in diesem Fall erkochen. Die Zeit war reif dafür, waren wir sicher, das zeigte der große Zuspruch unserer Besucher.

Sie waren fasziniert von der Auswahl der prominenten Gäste auf der Kochbühne oder bei den Events in der Galerie. Dazu gehörte etwa der Schriftsteller Wolf Biermann, der uns mit seiner erstaunlichen Biografie beeindruckte. Er war in der Nazi-Zeit in eine Kommunisten- und Judenfamilie hineingeboren worden, verlor seinen Vater in Auschwitz und geriet in Hamburg mit seiner Mutter in den Angriff der Royal Air Force. Mit dem Sechsjährigen auf dem Rücken schwamm sie aufs Wasser hinaus, und so entkamen sie dem Feuersturm. Mit 16 Jahren ging Biermann in die DDR, weil er mithelfen wollte, einen neuen Staat aufzubauen. 1983, sechs Jahre nach seiner Ausbürgerung, brach er endgültig mit dem Kommunismus. Ich erinnere mich, wie er sagte: «Mich rettete die Liebe.»

Auch Günter Wallraff war bei uns zu Gast, der mit seinem Buch «13 unerwünschte Reportagen» für Aufsehen gesorgt hatte. Für dieses war er in die Rolle eines Alkoholikers in einer psychiatrischen Klinik geschlüpft, in die eines Obdachlosen und die eines potenziellen Napalmlieferanten für die Streitkräfte der Vereinigten Staaten. Bei uns sprach er über seinen Bestseller «Ganz unten», in dem er von seinen Erlebnissen als türkischer Gastarbeiter Ali Levent Sinirlioğlu bei Firmen wie Thyssen und McDonald's erzählt.

Natürlich sorgten wir auch für jede Menge humorvolle Unterhaltung. In der Schweiz hat es schon immer eine große Tradition hervorragender Clowns gegeben, wie Andreff, der jahrelang im eidgenössischen Circus Knie die Menschen erfreute. Ein weiterer großer Schweizer Clown war Dimitri. Er war in den 50er Jahren Schüler von Marcel Marceau gewesen, dann im Wanderzirkus durch Frankreich getingelt, und hat sich schließlich dem berühmten Cirque Medrano in Paris angeschlossen, bevor er in die Schweiz zurückkehrte. Wir luden seinen Sohn David ein, der in die Fußstapfen seines Clown-Vaters getreten war und zu den besten Seiltänzern der Welt gehörte. Wir waren stolz darauf, als er seine Kunst bei uns vorführte.

Der Kabarettist Emil Steinberger sorgte dafür, dass unseren Besuchern der Bauch weh tat vor Lachen, nicht wegen meinem Essen, sondern wegen seinem unschlagbaren Humor. Emil war vor nicht allzu langer Zeit erst aus New York zurückgekehrt, wo er seiner enormen Prominenz entgehen wollte. Wir freuten uns sehr, dass er für seinen Auftritt in der alten Heimat die «Kultur Quelle Krone» wählte. Auch dieser Abend war ein Riesenerfolg.

Eigentlich war jeder dieser Abende ein Riesenerfolg – was die Kultur betraf. Die Rechnung, die nicht aufging, war der Transfer zwischen Kultur und Kulinarik. Die Besucher kamen gerne zu allen Events, blieben zwischen den Veranstaltungen dem Restaurant jedoch fern.

Dabei scheinen wir Schweizer geradezu bestimmt zu sein, die Kombination aus Gastronomie und Kultur voranzutreiben. Ueli Hirzel, Gründer des Schweizer Zirkus «Aladin», war unter den Ersten, der ein gehobenes gastronomisches Angebot in die einzigartige Atmosphäre eines Zirkuszeltes und später eines historischen Spiegelpalastes brachte. In Deutschland folgten ihm Anfang der 90er Jahre der Zirkusmacher Bernhard Paul und die Sterne-Köche Hans-Peter Wodarz und Alfons Schuhbeck. Sie bauten in München ihr Spiegelzelt gleich neben das Roncalli-Zirkuszelt, um dort die Dinner-Show *Panem et Circenses* zu präsentieren.

Zur gleichen Zeit, als wir die «Kultur Quelle Krone» betrieben, schlug die Dinnershow *Pomp Duck and Circumstance* ihr Zelt in Berlin auf. Hier entwickelte sich auch das Kulinarische Kino, wo Star-Köche und Filmstars ihr Publikum gemeinsam begeisterten. Bald darauf machte in Freiburg das erste «Palazzo» mit ähnlichem Konzept von sich reden. Alle diese Pioniere mussten wie wir viel Lehrgeld bezahlen – was ich manchmal vergessen konnte, wenn wir wunderbare Abende bestritten.

Auch wenn die Rechnung nicht aufging, blieben wir dran. Bald hatten wir die Idee zu einem Variété-Dîner-Spektakel. Eine ganze Saison lang präsentierten wir eine große Show: eine Mischung aus Zirkus und kulinarischem Feuerwerk. Von der ersten Saison an waren wir begeistert und mit ganzem Herzen dabei. Auf Anhieb sprang der Funke zwischen den Artisten und uns über. Sie waren ein buntes Völklein von kreativen und inspirierenden Individualisten. In mancher Hinsicht waren wir verwandt: Was hinter der Kulisse hart erarbeitet wurde, kam vor Publikum locker und natürlich daher.

Wenn die Show begann, war kein Platz für Launen, Allüren oder zickiges Gehabe. Das war bei uns genauso. Dabei ist der Antrieb für überdurchschnittliche Leistungen nie ein materieller, sondern die Mischung aus Freude, Leidenschaft, Faszination und Ambition. Den Künstlern ist es der Applaus des Publikums, dem Koch das Lob der Gäste, was alle Mühen aufwiegt und die Seele beflügelt.

Unsere Töchter verbrachten unzählige Stunden mit den Artisten, wie auf einem fliegenden Teppich in eine verzauberte Welt entführt. Aber auch die Artisten tauchten in eine ihnen bisher unbekannte Welt ein. Als ich sie das erste Mal aufforderte, ihr Essen auf vorgewärmte Teller zu schöpfen, waren sie erstaunt. Doch schnell erkannten sie den Wert von «das Auge isst mit» und achteten darauf, dass die Mahlzeit auf heiße Teller schön angerichtet wird und der Tellerrand sauber bleibt. Unsere gegenseitige Wertschätzung steigerte sich von Tag zu Tag.

Als nach Ende der ersten Saison die Wohnwagen vom Parkplatz rollten, hatten wir alle Tränen in den Augen. Die Artisten hatten bei uns ein zweites Zuhause gefunden. Waren es in der ersten Saison 24 Vorstellungen, öffnete sich der Vorhang in der letzten 46-mal, denn auch unsere Gäste waren von diesem Spektakel begeistert. Zwar kostete allein die Vorfinanzierung einen sechsstelligen Betrag, doch dank einer sagenhaften Auslastung von 85 % wurden die Varieté-Spektakel nicht nur auf persönlicher, sondern auch auf wirtschaftlicher Ebene zum Gewinn.

Dass wir auf einmal einen guten Namen in der Kulturlandschaft hatten, blieb nicht unbemerkt. Im Juni 1998 erhielten wir den Ueli-Prager-Preis, der nach einem der kreativsten Unternehmerpersönlichkeiten der Schweiz benannt war, dem bekannten Mövenpick-Gründer. Als man mir im Rahmen der Preisverleihung die Urkunde überreichte, konnte ich darauf lesen: «… weil sich hier ein Chef Gedanken macht, was die Gastronomie über die Qualität auf dem Teller und im Glas hinaus noch sein könnte. Die ‹Kultur Quelle Krone› und Res Hubler gehen einen mutigen Weg, und dieser Mut soll honoriert werden.»

Auf der einen Seite war das eine schöne Anerkennung. Auf der anderen Seite standen die Abwertungen beim *Gault&Millau* und beim *Guide Michelin.* Dieser erwähnte uns noch mit dem «Bib Gourmand», der Auszeichnung für «gehobene Küche mit attraktivem Preis-Leistungsverhältnis». Im *Gault&Millau* war im ersten Jahr nach unserer Neueröffnung zu lesen: «Kein Zweifel: Die Hublers haben mit der Radikalwende der alten ‹Krone› frischen Atem eingehaucht. Heute ist sie ein Lokal ohne Zwänge, in dem sich alle wohlfühlen können.» Dem Kommentar war immerhin noch eine rote Kochmütze mit vierzehn Punkten angehängt. Nachdenken sollte man allerdings ganz besonders über eine Textstelle: die

Sache mit dem «Lokal ohne Zwänge». Hier verriet sich der Kommentator selbst: Offenbar wusste man auch beim *Gault&Millau* nur zu gut, dass ein Gourmet-Restaurant jede Menge Zwänge mit sich brachte – für den Betreiber wie auch für die Gäste. Nun waren wir diese Zwänge los. Hätte ich mich nicht befreit fühlen müssen?

Im Rückblick kann ich das nur mit einem überzeugten «Ja!» beantworten. Doch damals klang mein Lied noch anders. Der Status eines Spitzenkochs war Teil meiner Identität. Zu den Besten im Kanton und sogar im ganzen Land zu gehören, schmeichelte mir. Das war eine Erkenntnis, die mich durchaus erschreckte. War ich doch völlig davon überzeugt gewesen, dass diese ohnehin oft sehr umstrittenen Bewertungen durch Sterne, Punkte oder Mützen keinerlei Einfluss auf mein Selbstwertgefühl hatten. Wusste ich nicht auch bestens Bescheid über deren Vergänglichkeit? Hatte mich dieses «Heute gewonnen, morgen zerronnen» nicht jede Menge Nerven gekostet? Hatte ich nicht darüber geklagt, dass die Gourmet-Küche dem Umsatz schadete?

Das konnte ich alles bejahen, und trotzdem war es so: Es fuchste mich ganz mächtig. Vor allem im Kreis meiner Kollegen, bei Küchenchef-Versammlungen oder den Abschlussprüfungen der Lehrlinge. Schauten mich nicht alle mitleidig an? Oder auch ein bisschen hämisch? Ich bildete mir ein, dass jeder von ihnen dachte: «Da haben sie dem Res aber gewaltig die Flügel gestutzt.» Und sobald ich ihnen den Rücken zuwendete, war ich sicher, dass sie es auch aussprachen.

Und der Glaube? Natürlich kannte ich all die Bibeltexte, die mir meinen Wert aus der Perspektive Gottes zusprachen. Egal, was Menschen von mir denken. Auch die Texte, die von der Vergänglichkeit unseres weltlichen Glanz und Gloria sprechen, waren mir geläufig. Und dennoch: Damals empfand ich es als demütigend, die so hart errungenen Auszeichnungen wieder zu verlieren.

Heute weiß ich, dass meine Erschütterung über diesen Verlust mit zu dem Weg gehörte, auf dem mich Gott führen wollte. Wie sehr hatte ich Gott zu danken dafür, dass mir der Ausstieg aus dem Prestige-Zirkus gelungen ist, ohne – wie manche Kollegen mit ähnlichem Schicksal – zur Flasche zu greifen, in eine Depression zu stürzen oder sogar in den Suizid zu flüchten.

Gott sei Dank!

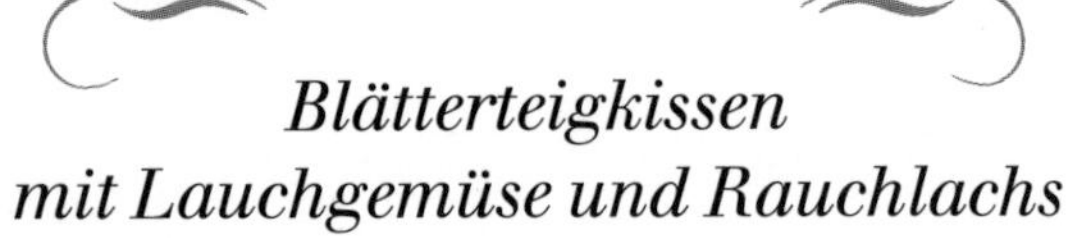

Blätterteigkissen mit Lauchgemüse und Rauchlachs

Pst! Ich verrate Ihnen das Blätterteig-Rezept von Lenôtre! Das ist genau jener Blätterteig, der vom *Gault&Millau* in höchsten Tönen gerühmt wurde. Sein Geheimnis liegt darin, dass ein Teil des Wassers durch Rum ersetzt wird. Der Alkohol trägt dazu bei, den ausgebackenen Teig luftig wirken zu lassen, ohne dass der Rum geschmacklich in den Vordergrund rückt. Zugegeben, Blätterteig selbst machen ist ein großer Aufwand. Doch es lohnt sich, zumal er sich problemlos tiefkühlen lässt und vielseitig verwendbar ist.

Für 2 kg Teig benötigen Sie:

900 g	Semmelmehl (d. h. Weizenmehl Type 405)
22 g	Salz
125 g	Butter, Zimmertemperatur
330 g	Wasser
50 g	Rum
615 g	Butter, zwischen Klarsichtfolie zu einer rechteckigen, 1 cm dicken Platte geformt

- Mehl, Salz und 125 g Butter zusammenreiben wie für Mürbeteig.
- Wasser und Rum beigeben, rasch zu kompaktem Teig kneten, Kugel formen, kreuzartig 2/3 einschneiden, die Ecken nach außen klappen. Mit einem feuchten Tuch zugedeckt zwei Stunden ruhen lassen, dann den Teig zu einem circa 1 cm dicken Rechteck auswallen. Die Butterplatte auf die eine Hälfte legen, am Rand 1 cm frei lassen. Die Ränder mit Wasser befeuchten, die nicht bestrichene Hälfte darüberlegen, die Ränder fest andrücken. Langes Rechteck auswallen und in drei Schichten falten. Das nennt man «eine einfache Tour geben». 1 Stunde zugedeckt kühl stellen. Nochmals eine einfache und zwei doppelte Touren geben.

Für die doppelte Tour wallt man das Rechteck etwas länger aus und faltete es in vier Schichten. Zwischen den Touren mindestens 2 Stunden ruhen lassen.

Das Blätterteigkissen mit Lauchgemüse und Rauchlachs war ein Renner – in kleinem Format als Vorspeise und in größerem Format als Snack bei kulturellen Anlässen.

Für 4 Personen als Snack benötigen Sie:

Blätterteig, 4 Rechtecke 12 x 12 cm, 5 mm dick
Eigelb zum Bepinseln
280 g Lauch, in Streifen geschnitten
20 g Butter
120 g Rahm
Salz, Pfeffer aus der Mühle
280 g Rauchlachs, geschnitten

- Blätterteigrechtecke mit Eigelb bepinseln, mit Gabel Muster darauf zeichnen, im auf 200 °C vorgeheizten Ofen backen, auskühlen lassen, horizontal halbieren. Lauch in Butter andünsten, Rahm beigeben, 5 Minuten köcheln lassen, würzen. Lauch auf die untere Hälfte des Blätterteigkissens geben, zuerst Rauchlachs in Scheiben und dann den Deckel des Blätterteigkissens darauf legen.

The Show Must Go On

Um verschiedene Seiten unseres neuen Betriebs gut organisieren zu können, wählten wir eine Rechtsform, die es ermöglichte, dass sich Therese und ich um den gastronomischen Rahmen kümmerten, während unser Kulturpartner als Verwaltungsratspräsident die operative Leitung übernahm. Er stellte ein paar Leute ein, die ihm nahestanden, und dann konnte es losgehen. Doch halt – bevor es losgehen konnte, gab es noch etwas zu besprechen, was uns sehr am Herzen lag: unseren Glauben.

Mittlerweile hatte ich mich mit vielen Vorurteilen herumschlagen müssen. Für manche Leute war ich wie eine Art Chamäleon, das seine Farben nach Belieben ändert. Fromm ist er ja, der Gourmet-Koch, hieß es, aber das beißt sich gewaltig mit dem, was er tut. Luxus! Noblesse! Alkohol! War das nicht das, was einen Gastronomie-Betrieb wie unseren auszeichnete? Vor allem in den Augen derer, die uns nie besuchten? Auch wenn mich die Vorurteile nicht kaltließen, engagierte ich mich weiter in der Kirchengemeinde. Damit erst gar keine Missverständnisse auftreten konnten, suchte ich das Gespräch mit unserem neuen Partner auf der Kulturseite.

«Sie wissen, dass wir unseren Glauben nicht verstecken», sagte ich.

Unser neuer Partner winkte ab. Alles kein Problem, hieß es. «Ich bin tolerant. Unsere Zusammenarbeit wird das nicht stören.»

Vielleicht hätten wir misstrauischer sein müssen? Jedenfalls ließen wir es erst mal dabei und vertrauten den warmen Worten. Schließlich hatten wir alle Hände voll zu tun. Waren die Arbeitstage vorher schon sehr lang gewesen, wurden sie jetzt noch länger. Das hing damit zusammen, dass wir auf viel mehr Hochzeiten tanzten als zuvor. Nach wie vor gab es den Restaurant-Betrieb und das «Dorfbeizli». Dazu aber kamen die kulturellen Events, die wir auch noch bestritten.

✦ ✦ ✦

Nachdem es sich herumgesprochen hatte, was wir in der «Kultur Quelle Krone» so alles auf die Beine stellten, klingelte das Telefon.

«Spreche ich mit Res Hubler? Wir haben da eine Idee …»

Der Anruf kam vom Direktor der MOWO, einer Lifestyle-Messe, die auf der Expo Bern stattfand. Dort ging es um neue Trends in Sachen «Essen & Trinken», «Wellness & Beauty» – kurz gesagt, es ging darum, zu flanieren und zu probieren. Wir erhielten einen 100 m^2 großen Stand gratis zur Verfügung gestellt, den wir zusammen mit einigen Partnern gestalten konnten: So entstanden ein Mini-Restaurant, eine Bar, eine halbrunde Bühne mit Lounge für Talks sowie eine bestens ausgerüstete Showküche.

Wir servierten Crêpe-Rouladen mit hausgeräuchertem Lachs und Kräutermascarpone, begleitet von einem herbstlichen Salatbouquet und Pastrami auf pikantem Kohlsalat mit gebackenen Zwiebelringen. Und weil es darum ging, Neues zu probieren, kredenzten wir jeden Tag eine frische Suppe zusammen mit einer Tagesspezialität und einer vegetarischen Variante. Als Renner sollte sich die Indianerbohnensuppe mit Tequila entpuppen, mit Speckbrösmeli und Rahmhaube, Tandoori-Spießchen auf Dal und hausgemachter Falafel, umgeben von lauwarmem Gemüsesalat.

Zum Höhepunkt des Tages entwickelte sich das Koch-Duell. Zwei Hobbyköche aus dem Publikum traten dabei gegeneinander an. Die Nachfrage war so groß, dass es gleich mehrmals hintereinander über die Bühne ging. Dafür stand alles bereit, was in einer guten Küche nicht fehlen darf: vom Backofen über den Herd, von Pfannen über Töpfe und Schüsseln bis hin zu Kochlöffeln und dem guten alten Schneebesen. Dazu stellten wir einen Warenkorb bereit, in dem sich Grundfonds, Kochwein, Essig, Öl, Milch, Butter, Rahm, Zucker, Salz, Senf und Gewürze befanden.

Nun erhielten die Kandidaten, die das Glück hatten, aus dem Los-Topf gefischt zu werden, einen Gutschein. Mit diesem durften sie einkaufen, was sie für ihre Kreationen benötigten – erschwert durch die Bedingung, dass der Betrag nicht überschritten, aber möglichst aufgebraucht werden sollte. Mit diesem kleinen Pferdefuß sorgten wir dafür, dass die Hobbyköche, ähnlich wie Profis, genau hinschauten, was sie zu welchem Preis erwarben. Für viele der Kandidaten war es eine Hürde, die ihnen aber viel Spaß bereitete. Für mich war der anschließende Blick in die Einkaufstasche wie der Blick des Astrologen in die Glaskugel: Ich wusste immer, mit welchem Typ Hobbykoch ich es zu tun haben würde.

Ein zusätzlicher Reiz des Koch-Duells lag darin, dass Fabian Fuchs, mein damaliger Souschef, und mir per Los je einer der beiden Kandidaten zugeteilt wurde. Unsere Rolle war es, diese zu unterstützen. Wir waren mit Headsets ausgerüstet, damit die vielen Besucher auch mitbekamen, was wir unseren Kandidaten rieten.

Schon ging es los: In nur fünfzehn Minuten mussten die Gerichte gekocht und ansehnlich auf dem Teller angerichtet sein. Für die Hobbyköche war es eine Herausforderung, so schwierig wie das Erklimmen eines Alpenpasses. Der Zeitdruck, das blendende Scheinwerferlicht, die unbekannte Küche und die Kommentare aus dem Publikum, die nie lange auf sich warten ließen, trugen ihren Teil dazu bei, dass alle ordentlich ins Schwitzen kamen.

Fabian und ich gaben unser Bestes, um unsere jeweiligen Schützlinge zu unterstützen: Wir schnitten Gemüse, tournierten Kartoffeln, hielten den Arbeitsplatz sauber, bügelten das eine oder andere Malheur aus … Schließlich war es ein Koch-Duell, und jeder von uns wollte, dass sein Kandidat am Ende die Nase vorn hatte. Zwar waren wir bei diesem Spiel nur die Küchenhilfen, doch wir hatten beide das Sieger-Gen in uns.

Bevor Fabian sich für eine Karriere als Koch entschied, hatte er bereits eine beeindruckende Laufbahn als Profi-Radrennfahrer hinter sich. Einige Zeit fuhr er im Team des Spaniers Miguel Indurain, der mit fünf Siegen bei der Tour de France, zwei Siegen beim Giro d'Italia, einem Olympiasieg und einer Weltmeisterschaft im Einzelzeitfahren zu den erfolgreichsten Rennfahrern in der Geschichte des Radsports zählt. Solche Leute wollen immer gewinnen, und ich nahm diese Herausforderung gerne an.

Für das Publikum war unser interner Wettstreit das Sahnehäubchen. Wenn nach fünfzehn Minuten der Gong schlug und wir aus dem Publikum die Jury erkoren, kam die Stimmung zum Höhepunkt. Unsere Testesser kamen auf die Bühne, nahmen Platz und beschnupperten, betrachteten, probierten und diskutierten mit den Kennermienen von Profis. Dann fällten sie ihr Urteil.

Der Sieger erhielt einen Gutschein für einen Kochkurs oder ein feines Menü in der «Krone». Unter Applaus wurden die Kandidaten verabschiedet, und schon enterten die Nächsten die Bühne.

Der Wettstreit zwischen den Hobby-Köchen ging von neuem los – wie auch der zwischen Fabian und mir.

An einem Tag hatten bereits zwei meiner Schützlinge das Nachsehen gehabt. Als der dritte Teilnehmer sich zum Wettkochen rüstete, raunte ich ihm zu, dass ich vorhatte, dieses Duell für uns zu entscheiden. Da hatte ich die Rechnung ohne ihn gemacht: Mein Schützling war mehr Dampfplauderer als Hobby-Koch. Wir verloren das Duell haushoch. Da brannte bei mir die Sicherung durch. Als ich mit Fabian hinter den Kulissen verschwand, sagte ich: «Ich verstehe überhaupt nicht, warum ich jeden Tag einen noch dooferen Trottel erwische.»

Von draußen hörten wir das Publikum raunen, dann brachen die Leute in schallendes Gelächter aus. Fabian deutete auf mein Headset.

«Mikro», flüsterte er.

Ich hatte im Eifer des Gefechtes vergessen, es auszuschalten.

Heute hätte eine solche Bemerkung wohl kaum eine Reaktion beim Publikum hervorgerufen, poltern doch viele Fernseh-Köche in einer noch raueren Tonart. Sie hat sich eben nie geändert, die Küchen-Musik, und mein Dampfplauderer bekam es an diesem Tag zu spüren.

✦ ✦ ✦

Zwei Stunden vor dem Koch-Duell stand ich schon auf der Bühne für eine Show, die wir «Tipps & Tricks vom Chef» nannten. Es ging darum, das Publikum nicht immer mit hochgestochenen Gerichten zu beeindrucken, sondern Know-how für den Alltag zu vermitteln. Ich unterstütze es sehr, wenn Menschen zu Hause kochen – auch deshalb, weil der Trend in eine andere Richtung geht. Trotz der vielen Koch-Shows im Fernsehen weisen zahlreiche Studien nach, dass in immer weniger Haushalten täglich frisch gekocht wird. Ein Grund liegt nach Angaben der Forscher darin, dass immer weniger Menschen kochen lernen.

Offenbar vermitteln die Fernsehköche doch viel weniger Wissen, als man zunächst einmal glauben mag. Umso wichtiger war es mir, dass mein Publikum mit handfesten Tipps und Tricks nach Hause gehen konnte. Ich ließ mich mit Fragen löchern und gab gerne meine Rezepte raus. Wie bereitet man eine gute Mayonnaise zu, und was kann man tun, wenn sie gerinnt? Wie grillt man ein Poulet? Wie macht man gefüllte Wirsingköpfe? Wie wird ein Strudel gerollt? Wie gelingt eine gute Tarte Tatin?

Bei dieser Show wurde mir noch einmal deutlich, wie ich mich im Laufe meiner Berufsjahre zu einer wandelnden Enzyklopädie der Kochkunst entwickelt hatte. Und was ist so ein Nachschlagewerk wert, wenn darin nicht kräftig geblättert wird?

✦ ✦ ✦

Eine Menge Spaß machte mir die Lesung von Frank Demenga über einen, nun, sagen wir, ziemlich umfangreichen Koch, der in der sommerlichen Hitze Roms nicht nur wegen seiner brodelnden Töpfe mächtig ins Schwitzen kommt. Dieser Giovanni Palliato war so ziemlich das Gegenteil von mir, zumindest was die Äußerlichkeiten angeht. Ich gehöre eher der Gattung der Köche mit schmächtiger Statur an, obwohl unser Beruf dazu beitragen kann, wie ein Hefeteig auseinanderzugehen. Frank war zu dieser Zeit bereits ein gefeierter Schauspieler am Schauspielhaus Zürich, wo er im Sommernachtstraum und im Hamlet brillierte und unter der Regie von Terry Hands von der Royal Shakespeare Company London oder dem Schweizer Starregisseur Markus Imhof zeigte, was alles in ihm steckt.

Auf unserer Show-Bühne lief er ebenso zur großen Form auf wie Renato Tosio, der legendäre Eishockeytorwart des SC Bern, oder Krimi-Autorin Susy Schmid. Der Kunstmaler Beat Müller zelebrierte live auf der Bühne seine Body-Painting-Inszenierungen. René Rosenberg präsentierte seine Bilder mit aus duftenden Küchengewürzen hergestellten Farben. Bei seiner Kunst bekam ich direkt Lust, beruflich mehr zu machen, als «nur» zu kochen. Was ich im Grunde genommen schon tat, da ich nun immer mehr auf der Bühne stand.

Auch in der «Kultur Quelle Krone» lief meine «Kochen mit Promis»-Show auf Volldampf, wo sich Schauspieler, Moderatoren und einmal auch der amtierende Mister Schweiz den Kochlöffel in die Hand gaben. Allen diesen Menschen war gemeinsam, dass sie gerne kochten.

Nur einmal schneite mir ein Gast ins Haus, der von Anfang an klarmachte, dass er ein ausgeprägter Koch-Muffel war. Ich war überzeugt, dass gerade darin ein Reiz liegen könnte, da er ansonsten den Ruf weghatte, dass sein Mundwerk nur stillstand, wenn er schlief – in der Schweiz verpasste man ihm deshalb den Titel «Schnurri der Nation». Wenn ich kochte und der Schnurri erzählte, was konnte da noch schiefgehen? Gerade hatte er ein neues Buch auf den Markt gebracht, und welcher Promi redet darüber nicht gerne?

Doch irgendwas hatte unserem Schnurri die Laune verhagelt. Nach lockerem Auftakt verfiel er zwischen zwei Einsätzen plötzlich in beharrliches Schweigen. Mir blieb nichts anderes übrig, als selbst die Schnurri-Rolle zu übernehmen, während ich in Töpfen und Pfannen rührte. Vom genialen Dichter Robert Gernhardt gibt es einen schönen Reim über den deutschen Philosophen Immanuel Kant, der mit den Zeilen endet: «Erst als man zum Essen rief, wurd' er wieder kreativ. Und er sprach die schönen Worte: ‹Gibt es hinterher noch Torte?›» Auf meinen Gast abgewandelt ließ sich sagen: «Erst als man zur Kasse rief, wurde er wieder aktiv.»

Die «Variété Dîners» gehörten nicht nur zu unseren Steckenpferden – sie waren die einzigen Events, die sich auch finanziell lohnten. Bei den anderen Veranstaltungen dümpelten wir trotz hohem Publikumszuspruch in den roten Zahlen herum. Wir bekamen sie einfach nicht kostendeckend organisiert, was auf lange Sicht eine sehr ungesunde Geschäftsbasis ist. Die Kalkulation, die wir aufstellten, beruhte auf zwei Standbeinen: Die Kultur sollte das Restaurant fördern, das Restaurant die Kultur. Das gelang uns nicht. Die Gäste strömten zu den kulturellen Highlights, doch zum romantischen Tête-à-Tête oder zum Geschäftsessen suchten sie sich andere Lokale aus.

Mit den Erfahrungen von heute ist das nicht weiter verwunderlich. Die Liaison zwischen Dinner und Show klappt dann, wenn beides in ein gemeinsames Event eingebunden ist. Als Pioniere zahlten wir jedoch viel Lehrgeld, weil wir das noch nicht wussten. So gab es eben die ungute Trennung zwischen Veranstaltung und Restaurant.

Mehrmals standen wir finanziell vor dem Aus. Wieder hatte ich schlaflose Nächte und freudlose Tage, an denen ich mein Pensum abarbeitete. Unsere Hoffnung richtete sich darauf, dass wir Bauland verkaufen könnten. Dafür mussten allerdings viele planerische und bürokratische Hürden überwunden werden – in meiner Erinnerung sind es unzählige. Mein Kleinmut wollte manchmal schon die weiße Flagge hissen. Aber Gott ist treu. Am Ende gelang uns der finanzielle Befreiungsschlag.

Im Laufe der Zeit tat sich ein Konflikt zwischen dem Kulturpartner und uns auf. Grund war unser christlicher Glaube. Nicht alle Veranstaltungen, die er plante, konnten wir mit diesem vereinbaren. Auf der Seite des Partners wiederum störte man sich daran, wie wir den Glauben lebten: Wie ich das bereits in den Gourmet-Zeiten getan hatte, hängte ich noch immer jeden Morgen einen neuen Andachts-Text auf dem stillen Örtchen der Mitarbeiter auf. Eine der neuen Mitarbeiterinnen, die der Kulturpartner eingestellt hatte, störte sich daran und beschwerte sich. Ob unser Kulturpartner ihre Klage ernst nahm oder ob es für ihn nur ein willkommener Anlass war, das Handtuch zu werfen, kann ich nicht sagen. Jedenfalls stellte er mir ein Ultimatum: «Entweder du stoppst das, oder ich höre auf.»

Bei Entweder-oder-Situationen gibt es wenig zu verhandeln. Wir wollten unsern Glauben nicht verbergen, und damit war das Ende der Partnerschaft eingeläutet. Gut möglich, dass diese aufgrund der ungenügenden Finanzierung auch ohnedies bald gescheitert wäre.

Natürlich überlegten Therese und ich, ob wir unser Geschäft so weiterführen konnten, wenn es sich am Ende nicht auszahlte. Aber noch hatten wir nichts beschlossen.

Die Entscheidung brachte tatsächlich erst der Streit um den Andachtstext, was eine gewisse Ironie in sich birgt. Von den Anfangszeiten des Christentums bis heute gab und gibt es unzählige

Versuche, die Menschen daran zu hindern, ihren Glauben zu leben. Meist liegt die Ursache im Konflikt mit diktatorischen Machthabern oder Vertretern anderer Religionen. Ob es weitere Beispiele gibt, wo ein Konflikt zwischen Kultur und Glaube entstand, weiß ich nicht.

So beendeten wir die Zusammenarbeit mit unserem Kulturpartner und standen nun wieder alleine da.

Wie sollte es jetzt weitergehen? Aufgeben und wieder ein neues Konzept entwerfen? Das Kulturprogramm alleine stemmen?

Die Sorgen hörten in dieser Zeit nicht auf.

Aubergine-Feta-Törtchen

Dieses Gericht war eine beliebte vegetarische Variante zum Fleisch in den Menüs der Variété Dîner Spectacles. Begleitet von bunten Salaten eignet es sich auch bestens als leichte sommerliche Mahlzeit.

Für 4 Personen benötigen Sie:

3 Auberginen
Olivenöl zum Beträufeln und Bepinseln
Salz, Pfeffer aus der Mühle
60 g Basmatireis
45 g Schalotten, gehackt
9 g Knoblauch, gehackt
30 g Olivenöl
Chilischoten, nach Belieben
Italienische Petersilie, gehackt
Thymian frisch, gezupft
240 g Feta, in kleine Würfel geschnitten
3 Eigelb

- Zwei Auberginen längs halbieren. Schnittfläche kreuzweise einschneiden, mit viel Olivenöl beträufeln, mit Salz und Pfeffer würzen. Im auf 190 °C vorgeheizten Ofen circa 40 Minuten backen, bis sie gar sind. Das Fleisch mit dem Esslöffel aus der Schale kratzen. Reis in viel Salzwasser garen, abschütten, gut abtropfen lassen. Schalotten und Knoblauch in 30 g Olivenöl andünsten, Auberginenfleisch dazugeben.
- Dünsten, bis es ziemlich trocken ist, vom Feuer nehmen. Chili, Petersilie, Thymian, Feta, gekochten Reis und Eigelb daruntermischen.

- Eine Aubergine längs in ca. 3 mm dicke Tranchen schneiden, grillen, mit Olivenöl bepinseln. Flache teflonbeschichtete Förmchen damit auslegen, Auberginemasse einfüllen. Im auf 160 °C vorgeheizten Ofen circa 40 Minuten backen, bis die Masse fest ist. Stürzen und genießen.

Vierzig Tage

Ich habe nie zu denen gehört, die gleich das Handtuch werfen, wenn ihnen rauer Wind ins Gesicht bläst. Die Probleme, die wir von Anfang an mit der Hochzeit von Kulinarik und Kultur zu lösen hatten, hielten uns über neun Jahre lang in Atem. Als unser Partner von Bord ging, machten wir eine Zeitlang alleine weiter. Dann spürten wir, dass die Zeit zur Neuausrichtung gekommen war. Therese und ich waren keine zwanzig mehr, und was mich anbelangte, brauchte ich mir in der Küche nichts mehr zu beweisen. Oder doch? Gäbe es noch eine Sache, die uns beide reizen würde – und bei der wir noch einmal völlig neue Pfade beschreiten konnten?

Mit dem Erlös aus dem Baulandverkauf konnten wir uns finanziell sanieren und neue Optionen ins Auge fassen. Für uns ging es nicht darum, eine kurzfristige Lösung zu finden; wir suchten eine neue Vision. Wir wollten ein Gleis finden, auf dem wir uns in den Jahren, die noch kommen sollten, fortbewegen konnten.

Was hatten wir nicht schon alles an Erfahrungen gesammelt: die Jahre mit der «Krone» als renommiertem Landgasthof. Die Zeit als Gourmet-Lokal, mit der ständigen Hatz nach Prestige, Sternen und Kochmützen. Ein knappes Jahrzehnt lang «Kultur Quelle Krone» – alles in allem siebenundzwanzig Jahre am Herd, im Service und auf der Show-Bühne. Wir hatten beide das Gefühl, dass wir kritisch Bilanz ziehen mussten, bevor wir uns an etwas Neues wagten. Ein Fazit zu ziehen, fiel uns gar nicht schwer. Klingt «Geld und gute Umsätze allein machen nicht glücklich» zu sehr nach Klischee? Und doch muss man als Geschäftsmann erst einmal wagen, diese Selbstverständlichkeit auszusprechen. Denn jeder gute Jahresumsatz verleitet dazu, im folgenden Jahr einen noch besseren anzustreben. Dieses System überhitzt sich – was man oft erst dann bemerkt, wenn man sich außerhalb dieses Systems befindet. Für den Hamster im Hamsterrad ist die ganze Welt ein Hamsterrad.

Was hatten wir noch gelernt? Da war diese Sache, die besonders mir zu schaffen machte. Tatsächlich verblassen Sterne am gastronomischen Himmel sehr schnell. Sowohl die Tester der einschlägigen Restaurant-Führer als auch das Publikum, das in entsprechenden Häusern verkehrt, lechzen nach Abwechslung. Da muss ständig Neues her. Therese und ich waren uns also darin einig, dass weder Geld noch Glanz und Gloria uns eine nachhaltige Erfüllung brachte.

Und was war mit der Kultur? Nicht alles ist edel, was sie berührt, und das schon gar nicht, wenn man sie als Geschäft betreibt.

So weit die kritische Seite der Bilanz.

Auf der anderen Seite unseres Fazits standen Beziehungen und die Menschen, die uns wichtig geworden waren: In all den Jahren hatten wir gut sechzig Lernenden in drei Berufen eine gute Ausbildung ermöglicht. Wir durften ein wenig stolz darauf sein, dass alle ihre Abschlussprüfung bestanden. Dutzende Köche, Fachleute im Service und Hotelfachassistenten kletterten bei uns auf der Karriereleiter einige Sprossen höher.

Ebenso wichtig waren uns Menschen, die nicht auf der Sonnenseite des Lebens standen. Da war der Kochlehrling, der nach traumatischen Erlebnissen in seiner Jugend bei uns am Familientisch Platz nahm. «Hätte ich damals bei euch kein Zuhause gefunden», sagte er anlässlich seiner Hochzeit, «würde ich heute nicht mehr leben.» Was wiegt wohl mehr? Sterne im *Guide Michelin* oder so eine Aussage? Wir dachten auch an Ramon, der nach einundzwanzig Jahren als Tellerwäscher in der «Krone» genug Geld beiseitegelegt hatte, um in seiner Heimatstadt Vigo eine Tapas-Bar zu eröffnen, die er liebevoll «Krone» nannte, auch wenn in diesem nordwestlichsten Zipfel Spaniens keiner das Wort verstand. Oder Nunzio, der achtzehn Jahre bei uns arbeitete und heute erfolgreich zwei Restaurants in Bern betreibt.

All das bewegte Therese und mich, als wir ins Auto stiegen, um Richtung Süden zu fahren. Eine Vision findet man selten zu Hause; das wissen alle, die sich auf die Suche begeben. Sie kommt auch nicht von heute auf morgen. Man muss sich ein wenig Zeit dafür nehmen – Zeit zum Ordnen, Zeit zum Fühlen und Zeit, damit Neues entstehen kann. Das wollten wir tun, und gaben uns 40 Tage frei.

Eine Zahl, die im Christentum eine hohe Symbolkraft hat: 40 Tage und 40 Nächte ergoss sich die Sintflut auf die Erde. Noah wartete 40 Tage, bevor er das Fenster der Arche öffnete, um den Raben hinauszulassen. Das Volk Israel wanderte nach dem Auszug aus Ägypten 40 Jahre durch die Wüste. Moses war Gott auf dem Berg Sinai 40 Tage nahe. Die Stadt Ninive hatte 40 Tage, um ihre Sünden zu bereuen. Jesus ging 40 Tage in die Wüste. Zwischen Auferstehung und Himmelfahrt liegen laut Apostelgeschichte 40 Tage. Ein Zeitraum, der als optimal gilt für Buße, Besinnung, Wende und Neubeginn.

Wir brachen auf, um in der kleinen Gemeinde Cuglieri am Fuße des Monte Ferru auf Sardinien unser Leben neu zu ordnen. Es ist ein mystischer Ort, dort am Eisenberg, wie das größte Vulkanmassiv auf der Insel genannt wird. Oben sind die Gipfel kahl, unten breiten sich herrliche Steineichenwälder aus. Therese hatte uns den Ort ausgesucht. Ich hatte nur einen Wunsch: Dort sollte es warm sein. Ich wollte keinesfalls frieren.

Schon nach Mailand fing es an zu schneien. Mit Mühe überquerten wir die Seealpen, bevor die Autobahn geschlossen wurde. Die Überfahrt auf der Fähre – ich erinnere mich, dass ich geschlottert habe vor Kälte. Als wir in Richtung Cuglieri fuhren und dabei immer höher kamen, wurde es noch kälter. Therese tröstete mich, dass das Haus, das sie gemietet hatte, eine Heizung habe. Das stimmte auch, wie ich nach der Ankunft feststellte – nur war kein Öl im Tank. Wahrscheinlich muss eine Visionssuche so beginnen. Sie ist kein Wochenendausflug, sondern eine Reise ins Innere. In unserem Fall war es eine Reise, um Gottes Plan für unser weiteres Leben zu entdecken. Am ersten Abend kuschelten wir uns ins Bett, nachdem wir alles, was wir an Decken fanden, über uns gelegt hatten.

«Unser erstes Time-out», sagte ich, «seit wie viel Jahren? Ich krieg das gar nicht mehr zusammen.»

Was einen, dem das Kochen in den Genen steckt, natürlich nicht hindern sollte, trotzdem für anständige Mahlzeiten zu sorgen. Das war der zweite Schrecken, nachdem ich den leeren Öltank entdeckt hatte: «Wo ist die Küche?»

Ich konnte in der ganzen Wohnung keine finden! Erst als mir auffiel, dass im Wohnzimmer der Schrank auffallend weit von der Wand wegstand, kam ich dem Geheimnis auf die Spur. Der Hausbesitzer hatte in die enge Lücke einfach einen Kühlschrank, ein Spülbecken und eine mobile Kochstelle mit zwei kleinen Herdplatten gezwängt – fertig war die Küche! «Egal», sagte ich.

Rund um Cuglieri liegt das landwirtschaftliche Zentrum der Insel. Auf den Märkten würde ich schöne frische Ware bekommen. Was brauchte ich mehr? Ich würde für Therese und mich auf dem Kocher hinterm Schrank etwas Ordentliches zum Essen zaubern, sollte die Visionssuche uns hungrig machen.

Wir nahmen unsere Aufgabe ernst. Dafür hatten wir das Buch «Leben mit Vision» eingepackt. Rick Warren, der Autor, ist gleichzeitig Pastor der Saddleback Church im US-Bundesstaat Kalifornien. Weil man sein Buch in genau 40 Tagen durcharbeiten kann, machten wir uns gleich am ersten Tag an die Aufgabe, die wir uns gestellt hatten: Wir wollten herausfinden, wie wir unseren Alltag sinnvoller gestalten und dabei auch unseren Glauben leben könnten – und zwar ohne die Konflikte, die wir bisher dafür hatten ausfechten müssen. Nächstenliebe und Gemeinschaft waren zwei Punkte, die uns bei unseren Überlegungen sehr am Herzen lagen.

An diesen Tagen dort in Italien schien das hektische Leben, wie wir es bisher geführt hatten, ganz weit weg. Ruhe, Stille, Besinnlichkeit. Wir waren allein mit unseren Gedanken und Gebeten, alleine mit dem, was sich in unserem Herzen tat. Wir wollten hören, was Gott uns zu sagen hatte, welche Wendung unser Leben noch einmal nehmen könnte.

Zunächst tat sich nicht viel. Doch nach und nach wurde das Bild klarer. Ich kam mir vor wie jemand, der an einem wolkenverhangenen Tag mit dem Flugzeug startet. Alles ist grau, und man mag gar nicht glauben, dass es irgendwo da draußen Sonne gibt. Doch dann stößt die Maschine durch die Wolkendecke, ein strahlend blauer Himmel tut sich auf und Licht umgibt einen. – Unsere Vision trat nicht als zündende Idee von jetzt auf gleich ein. Sie entwickelte sich, und die biblischen Prinzipien von Nächstenliebe und Gemeinschaft trugen ihren Teil dazu bei.

In uns entwickelte sich ein Plan, der uns schon früher einmal in den Sinn gekommen war. Damals war die Zeit noch nicht reif dafür gewesen; das war nun anders – wie auf einmal alles ganz anders war. Wir beschlossen, eine Wohngemeinschaft zu gründen für und mit Menschen, die im normalen Leben gescheitert sind. Bei uns in der «Krone» sollten sie eine Beschäftigung erhalten, in der Wohngemeinschaft eine gesunde Struktur für ihren Alltag.

Während der Plan immer konkreter wurde, traf der Frühling ein. Es war, als wolle sich das eine zum andern fügen.

Die Auszeit neigte sich dem Ende zu. Ostern kam, und wir hielten zusammen eine Andacht. Dann gingen wir in eine einsame Bucht am Meer, in der Blumen aller Art blühten. Dort hatte ich einen kleinen Grill aufgebaut, wie ihn Pfadfinder gerne benutzen. Er reichte vollständig aus, um darauf eine wunderbare Lammkeule zuzubereiten. Therese zauberte von irgendwoher eine gute Flasche Wein herbei. Als wir miteinander anstießen, konnten wir auf den Namen für unsere Vision anstoßen: «Soziale Arbeits- und Wohngemeinschaft Krone» wollten wir das Projekt nennen, das zu einem der reichsten Abschnitte in unserem Leben führen sollte.

Risotto mit grünem Spargel und Salsiccia

In Italien sind Risotto und Salsiccia nicht wegzudenken. Weil wir im Frühling dort waren, habe ich ihn mit grünem Spargel kombiniert – der zum Teil wild wächst, zwar sehr dünn, aber auch sehr aromatisch.

Salsiccia variiert von Metzger zu Metzger sowohl im Durchmesser als auch im Geschmack. Es gilt, die beste zu entdecken.

Für 4 Personen benötigen Sie:

1 kg grüner Spargel
600 g Salsiccia
120 g Schalotten, gehackt
40 g Butter
320 g Carnaroli-Reis
250 g Weißwein
1 Lorbeerblatt
650 g Hühnerbouillon
100 g Mascarpone
60 g Butter
Salz, Pfeffer aus der Mühle
60 g Parmesan, mit dem Sparschäler zu Spänen geschnitten

- Spargel, wenn nötig, schälen, in Salzwasser kochen, aus dem Wasser heben, warmstellen. Salsiccia grillen, warmstellen. Schalotten in 40 g Butter andünsten, Reis dazugeben, mit Kochlöffel glasig rühren. Mit Weißwein aufgießen, Lorbeerblatt beigeben, bei moderater Hitze köcheln, bis der Reis den Wein aufgesogen hat. Nach und nach, unter gelegentlichem Rühren, Bouillon beigeben, circa 17 Minuten köcheln, Lorbeerblatt entfernen. Bevor die letzte Bouillon aufgezogen ist, Mascarpone einrühren, vom Feuer nehmen, Butter einrühren, mit Salz und Pfeffer abschmecken.

- Risotto in Suppenteller anrichten, Spargel darauflegen, Parmesanspäne darüberstreuen.
- Salsiccia auf separatem Teller dazu servieren.

Zeit der Wunder

Es gibt eine Redewendung in der Schweiz, die ausgezeichnet zu Therese und mir passt. Man sagt, er oder sie komme «ohne Fäderläsis zur Sach'», wenn Pläne rasch in die Tat umgesetzt werden. Hinter dem Ausdruck «nicht viel Federlesens machen» steckt eine Gewohnheit aus dem Mittelalter: Zum Zeichen der Unterwürfigkeit zupfte man hohen Herren Federn, und was sonst noch durch die Luft schwirrte, von den Gewändern. Genau das hatten wir nicht im Sinn, im Gegenteil: Kaum waren wir zu Hause, starteten wir mit dem neuen Konzept der «Sozialen Arbeits- und Wohngemeinschaft Krone», wo Menschen eine Chance bekommen sollten, die ansonsten nicht so viele Chancen hatten. Mit ihnen wollten wir nicht nur zusammen arbeiten, sondern auch zusammen leben.

Platz gab es genug in der «Krone», um gleich mehrere Menschen in den Räumen unserer früheren Mitarbeiter wohnen zu lassen. Wer woanders lebte und bei uns arbeiten wollte, sollte ebenfalls Familienanschluss und eine Tischgemeinschaft vorfinden. Wir traten an, um neue Pfade zu beschreiten, wozu die Bereitschaft wichtig war, neues Wissen zu erwerben und, sollte sich die praktische Erfahrung vom Wunschdenken zu sehr unterscheiden, den eingeschlagenen Weg auch zu korrigieren.

So fanden wir bald heraus, dass einige der Menschen, die wir aufnahmen, eine intensivere persönliche Betreuung brauchten, als wir sie bieten konnten. Außerdem benötigten alle Betreuten in ihrer Freizeit eine andere Bezugsperson als während der Arbeit. Therese und ich lernten schnell dazu. Nach und nach begann sich die Vision in Realität zu verwandeln.

Dafür musste an anderer Stelle die Ursprungsidee korrigiert werden. Zunächst hatten wir gedacht, mit Landwirten zusammenarbeiten zu können, die ihr Fleisch direkt ab Hof vertrieben. Ich wusste, dass sie Edelstücke wie Filets, Entrecôtes und Hüftsteaks problemlos verkaufen konnten. Dagegen blieben sie auf Brust, Hals oder Schulter meist sitzen, weil diese Stücke einen aufwändigen Kochprozess benötigen. Genau in diese Lücke wollten wir stoßen.

«Wir nehmen euch das Fleisch ab, verarbeiten es zu Schmorbraten, Gulasch, Ragout, Siedfleisch und Hamburger und verpacken es fein säuberlich. Dann kriegt ihr es zurück und könnt es im Hofladen verkaufen», warb ich landauf, landab für unsere Idee. Ich war mir sicher, offene Türen einzulaufen – wurde jedoch eines Besseren belehrt. Dabei konnten mir die meisten Landwirte nicht einmal einen Grund für ihre Ablehnung nennen. Lag es womöglich daran, dass wir mit leistungseingeschränkten Menschen zusammenarbeiteten und uns die Bauern nicht zutrauten, diese Sache ordentlich anzupacken? Nein, daran konnte es nicht liegen! Ich hatte den Probebetrieb bereits am Laufen und konnte daher nachweisen, dass wir in der Lage waren, hohe Qualität zu liefern.

Oder galt das geflügelte Wort, das nicht nur in der Schweiz, sondern auch in Deutschland zur Anwendung kommt, wenn Neues zu viel Angst macht: «Was der Bauer nicht kennt, das isst er nicht»? Was auch immer der Grund war, die Sache funktionierte nicht. Schade, dachte ich, es ist eine vertane Gelegenheit für ein gutes Geschäft, von dem alle etwas hätten.

Für uns war es kein Anlass, den Kopf in den Sand zu stecken. Zu dieser Zeit stieg die Nachfrage nach hochwertigem Convenience Food, also Fertiggerichten, im Einzelhandel an. Dann sollte eben das unsere Chance sein! Wir stiegen in die Produktion von Suppen und Fertiggerichten in Einzelportionen ein. Wir starteten mit Kürbissuppe mit Amaretto, Kartoffel-Lauch-Suppe sowie der Roten Indianerbohnensuppe, die schon bei den Kochshows der Renner gewesen waren. Außerdem hatten wir zwölf weitere Suppen im Angebot.

Für den Hauptgang boten wir unter anderem Emmentaler Lammvoressen mit Stampf-Kartoffeln und Karotten, Schweinspiccata mit Nudeln und Blattspinat sowie Rotes Thai-Curry mit Basmati-Reis. Und weil zu einer guten Mahlzeit ein schönes Dessert gehört, stiegen wir auch noch in die Produktion von Eis und Sorbets ein. Damit wollten wir sowohl den Handel als auch die Restaurants beliefern.

Dieses Mal ging die Rechnung auf. Unser erster Kunde war ein Landi-Shop in einer Nachbarortschaft. Es dauerte nicht lange, und es folgten sechs weitere Geschäfte in Bern und Umgebung. Der Durchbruch kam, als Globus Delicatessa, ein großes Feinkostgeschäft in der besten Lage von Bern, alle 18 Produkte, die wir liefern konnten, orderte – und das nur drei Monate nach dem Start! Globus galt als eines der innovativsten Premium-Warenhäuser in der Schweiz. Gutes Essen und edle Tropfen gehörten von jeher zum Aushängeschild des 1892 gegründeten Unternehmens. Vier Jahre später wurde erstmals «Globus» als Firmenname verwendet.

Als ich die Nachricht erhielt, dass wir Muster an Globus liefern durften, und wir kurz darauf in den Vitrinen der Geschäfte in Bern und Zürich zu finden waren, war das ein erhabenes Gefühl: unsere handgemachten Produkte, gefertigt von Menschen, die anderswo auf dem Arbeitsmarkt kaum Chancen hatten, zwischen vielen bekannten Marken – wieder einmal konnte ich nur von einem Wunder sprechen. An diesem Tag war uns allen zum Feiern zumute. Das war eine Auszeichnung, die mir ebenso viel bedeutete wie vor Jahren der siebzehnte Punkt im *Gault&Millau*.

War es nicht erst kürzlich gewesen, als Therese und ich in dem kleinen abgeschiedenen sardischen Dorf an einer neuen Vision gebastelt hatten? Nun war sie bereits Wirklichkeit geworden, weil wir bereit waren, jeden Tag neue Erfahrungen umzusetzen.

Wir mussten vieles noch einmal ganz neu lernen. Denn es spielte keine Rolle, dass ich jahrzehntelang Kocherfahrung und Therese jede Menge Expertise im Service mitbrachte. Was wir jetzt taten, war für uns Neuland: begonnen damit, dass wir Portionen aufs Gramm genau abwiegen mussten und sämtliche Zutaten ordentlich deklariert wurden. Wir brauchten EAN-Codes und Etiketten, um die Waren auszuzeichnen, Referenzmuster und Produktionsjournale. Außerdem engagierten wir ein Labor zur Qualitätssicherung. Und siehe da: Es gab nicht eine Beanstandung, obwohl wir mit unqualifizierten und leistungseingeschränkten Menschen in einer für solche Zwecke wenig geeigneten Küche arbeiteten. Ich hatte für all das nur eine Erklärung: Es waren reine Wunder. Jeden Tag aufs Neue erlebten wir sie!

Neben der Produktion von Suppen und Fertiggerichten sorgten wir auch im «Dorfbeizli» für neues Leben. Geöffnet war es von nun an unter der Woche immer zur Mittagszeit. Für diesen Mittagstisch arbeitete ich zusammen mit einem unserer Betreuten in der Küche, während Therese mit einem weiteren den Service machte. Unseren Gästen gefiel dieses Angebot, und schon bald hatten wir eine Kundschaft, die nicht mehr viel mit der aus früheren Zeiten gemeinsam hatte. Wir boten ein Tagesmenü, dazu eine entsprechende vegetarische Variante und den sogenannten Wochen-Hit.

Von Gästen, Behörden und Angehörigen unserer Betreuten durften wir viel Anerkennung erfahren. Trotzdem hing die Latte hoch.

Gäste, die ihre Mittagspause bei uns verbrachten, brachten zwar einen anständigen Hunger mit, dafür aber nur wenig Zeit. Sie hatten es eilig, das Essen musste schmecken. Es spielte keine Rolle, ob leistungseingeschränkte Mitarbeiter für Küche und Service sorgten.

Pro Tag rechneten wir mit gut zwanzig Gästen, doch das konnte sich auch schnell ändern. Wie in der Gastronomie üblich, schneiten manchmal doppelt so viele Menschen zur Tür herein. In einem üblichen Betrieb arbeiten dann eben alle doppelt so schnell. Das war bei uns nicht möglich; unsere Leute konnten nicht einfach einen Zacken zulegen, im Gegenteil. Wurden sie nervös, schalteten sie einen Gang zurück. Dann mussten Therese und ich die Lücken füllen. Wir konnten von Glück sagen, dass wir darin wahrlich geübt waren. Die Arbeitstage waren immer noch lang, und Betriebsferien gab es keine, weil wir neben unsern Gästen auch Wiederverkäufer bedienten, die jederzeit beliefert werden mussten.

Den Arbeitstag begannen wir stets mit einer viertelstündigen Andacht. Daraus resultierte der Segen für das Gelingen der anstehenden Aufgaben. Als genauso wichtig erwies sich, immer ein offenes Ohr für vertrauensvolle Gespräche oder ein aufmunterndes Wort zwischendurch zu haben. Mehr denn je spürten wir, dass wir aussäten und dass diese Saat aufging. Wenn ich im «Dorfbeizli» meine Runde drehte und mitbekam, wie unsere Gäste die Mitarbeiter wertschätzten, ging mir das Herz auf. Ebenso wenn ich bemerkte, wie die klare Struktur des organisierten Arbeitstages diese Mitarbeiter stützte. Dabei war der Spagat, den wir wagten, gewaltig: Mit Menschen, denen man sonst nicht viel zutraut, termingerecht beste Qualität abzuliefern, ist eine Herausforderung, die ich ebenso hoch einschätze wie in der Sterne-Liga zu kochen.

In diesen Jahren erlebten wir die Erfüllung und Befriedigung, die uns in früheren Zeiten so häufig gefehlt hatte. Was konnte es Besseres geben?

Und wie es im Sterne-Restaurant immer Gäste gab, die den Koch herausfordern wollten, gab es diese auch in jener Zeit …

Eines Tages nahm eine ältere Dame an dem Tisch Platz, von dem man den besten Überblick über das Lokal hatte. Nach all den Jahren im Beruf war ich es gewohnt, Gäste blitzschnell zu kategorisieren – sie fiel eindeutig in die Kategorie «Leserin der Yellow-Press». Ich war sicher, dass sie den Klatsch über sämtliche europäische Königs-Häuser kannte und auch selbst gerne das eine oder andere Gerücht in die Welt setzte.

Sie bestellte das Tagesmenü mit Salat und nahm reichlich vom Eistee, den wir zu jedem Essen gratis servierten. Als sie fast alles aufgegessen hatte, rief sie nach dem Service. Empört wies sie auf eine fünf Zentimeter lange Metallschraube, die wie von Geisterhand zwischen den letzten Blättern Salat aufgetaucht war. Verunsichert brachte unsere Mitarbeiterin mir den Teller. Sie trug ihn so, als ob eine Giftschlange darauf läge. Unsere leistungseingeschränkten Menschen bekamen ihre Arbeit gut hin, so lange die Anforderung zu ihrem Limit passte. Das hier war außerhalb der Norm. Ich musste sie erst einmal beruhigen.

«Keine Sorge», sagte ich. «So etwas haben wir nicht im Salat. Ich spreche mit dem Gast.»

Die Dame erwartete mich bereits mit vorwurfsvoll blitzenden Augen. Ich erklärte ihr, dass die Schraube unmöglich von uns stammen konnte. Doch sie wischte meine Worte beiseite. Bezahlen wollte sie auch nicht.

«Wie können Sie mir nach einem solchen Missgeschick eine Rechnung zumuten?», rief sie aus.

Ach, daher wehte der Wind! Nun wusste ich Bescheid. Als jemand, der gerne selbst auf der Bühne steht, weiß ich eine gute Show durchaus zu schätzen; doch die hier ging zu weit. Als die Schrauben-Lady begann, mich mit einem bemerkenswerten Wortschatz vor den Gästen zu beschimpfen, kürzte ich die Sache ab.

«In diesem Fall muss ich jetzt die Polizei holen.»

Der Satz tat seine Wirkung und bestätigte, dass ich mit meiner Vermutung Recht gehabt hatte: Eine Sekunde später lag das Geld auf dem Tisch. Die Schrauben-Lady rauschte davon und wurde nie mehr gesehen.

Ich hätte gerne herzhaft darüber gelacht, doch unsere Servicekraft nahm den Vorfall sehr ernst. Weil sie immer noch glaubte, sie hätte den Fehler begangen, brauchte sie erst einmal Trost und Betreuung. Auch in diesem Bereich machten wir einige neue Erfahrungen. Manche unserer Mitarbeiter hörten bei uns zum ersten Mal davon, dass sie im Reich Gottes wertvolle Menschen sind und dass dort nicht Leistung, sondern Liebe das Maß aller Dinge ist.

Heute ist Convenience Food ein millionenschwerer Markt. Während ich diese Zeilen schreibe, werden in der Schweiz über 650

Millionen Euro pro Jahr für Fertiggerichte ausgegeben, in Deutschland sind es fast 6 Milliarden Euro. Umgerechnet ergibt das in beiden Ländern einen Pro-Kopf-Umsatz von etwas mehr als 70 Euro pro Jahr. Damit lässt sich ein ordentliches Geschäft aufziehen. Zu den Zeiten, als wir mit der «Sozialen Arbeits- und Wohngemeinschaft Krone» den Markt erschlossen, steckte Convenience Food noch in den Kinderschuhen. Es gab Päckchen-Suppe, Rösti, Nudeln, Ravioli in der Dose und einige Soßen. Pfannenfertige Suppen? Fehlanzeige. Mikrowellentaugliche Menus für Singles? Was soll das sein? Wieder spielten Therese und ich Trendsetter. Ausgerechnet mit leistungseingeschränkten Mitarbeitern zählten wir zu den Pionieren in diesem heute so boomenden Marktsegment.

Nachdem wir die geeigneten Strukturen geschaffen hatten, produzierten wir je nach Saison rund 70 Liter Suppe, 80 Schalen Fertiggerichte und 120 Liter Eis pro Woche. Das war nun alles andere als eine Großproduktion, doch ausreichend, um unsere Leute auszulasten. In einem Nachbarort gab es ein Unternehmen, das zu den Marktführern in der Produktion von Convenience-Saucen zählte. Da ich mit unserer Arbeit in der «Sozialen Arbeits- und Wohngemeinschaft Krone» im Bereich Suppenproduktion mittlerweile einiges an Erfahrung gesammelt hatte und dazu mein Know-how aus der Zeit als Spitzenkoch in die Waagschale werfen konnte, bat mich die Geschäftsleitung, gemeinsam mit ihren Produktentwicklern zwei meiner Rezepte an die Anforderungen der Großproduktion anzupassen.

Ich bekam einen Einblick in die industrielle Art des Kochens. Inzwischen ernähren sich Menschen in der westlichen Welt hauptsächlich von Lebensmitteln, die von Lebensmittelingenieuren designt und anschließend industriell gefertigt worden sind. Dabei bedeutet Convenience Food ja nicht, dass diese Produkte schlecht sein müssen, sonst hätte ich an diesem Trend niemals mitgearbeitet. Was wir in der «Sozialen Arbeits- und Wohngemeinschaft Krone» herstellten, kam ohne Konservierungsstoffe, Verdickungsmittel, Farbstoffe und Extrakte aus. Auf unseren Etiketten prangte keine einzige E-Nummer, außer beim Eis, wo man ohne nicht auskommt. Auch bei meiner neuen Tätigkeit in der industriellen Produktion stellten wir erstaunlich feine Suppen her.

Und doch: Am Ende konnte der Vogel nicht so richtig abheben. Vielleicht lag es daran, dass wir schlicht und einfach unserer Zeit voraus waren. Der Markt war noch nicht bereit für unsere Suppen. Das änderte sich erst Jahre später. – Während ich an diesem Buch schreibe, ist das Suppengeschäft ein lukrativer Zweig des Unternehmens geworden. Zu spät für uns.

Nachdem ich meine Tätigkeit bei dieser Firma eingestellt hatte, konnte ich mich wieder ganz auf die Produktion in der «Krone» konzentrieren, womit ich ohnehin gut ausgelastet war.

Es galt, die einzelnen Komponenten der Gerichte zu braten, zu schmoren, zu dämpfen und anschließend im Schockkühler in maximal 90 Minuten auf unter 5 °C zu kühlen. Dann kamen sie akribisch abgewogen in entsprechende Schalen und wurden unter Schutzatmosphäre verschlossen. Dabei standen uns nacheinander zwei junge Köchinnen zur Seite, die nicht nur ihr Können und ihren Glauben mitbrachten, sondern auch ein großes Herz für unsere Mitarbeiter. Blicke ich heute zurück, kann ich mit Fug und Recht behaupten, dass wir es ohne die beiden nicht geschafft hätten.

Von Montag bis Freitag produzierten wir munter unsere Köstlichkeiten und boten das Mittagessen im «Dorfbeizli» an – am Wochenende stand ich oft an Verkostungsständen in Kaufhäusern, um unsere Produkte dadurch bekanntzumachen und neue Kunden zu gewinnen. Ganz nach dem Motto «Probieren geht über Studieren» waren diese Verköstigungen unsere einzige Werbung. Zu diesen Gelegenheiten zog ich mir meine Kochklamotten an, blütenweiß gewaschen und frisch gestärkt, und setzte meine bunte Kochmütze auf, die seit Jahren mein Markenzeichen war. Eine unserer Köchinnen, Tochter eines Bergbauern aus dem Jura, hatte diese in Zeiten des Gourmet-Restaurants für die ganze Crew handgefertigt. Sie ähnelt einem Barett, ist hellblau oder rot mit buntem Muster. Kein Spitzen-Koch auf der Welt hatte eine so ausgefallene Mütze, und ich wollte sie vom ersten Tag an gar nicht mehr abnehmen.

Nun stand ich mit meiner Mütze auf dem Kopf in Delikatessen-Geschäften zwischen Bern und Zürich und pries meine Ware an. Dabei bin ich nicht der Typ, der wartet, bis sich jemand traut, näher zu treten. Ich gehöre zu den offensiven Verkäufern – wenn der Berg nicht zum Propheten kommt, muss der Prophet schließlich zum Berg gehen. Und ich hatte Leckeres zu bieten! In der Regel ging die Rechnung auf. Die Leute probierten, befanden für gut, wollten wissen, wie wir die Sachen herstellten, und steckten anschließend den einen oder anderen Beutel in die Einkaufstasche.

Auch an diesem Tag, im umsatzstärksten Schweizer Shoppingcenter vor den Toren Zürichs, hatte alles bestens begonnen. Gegenüber von meinem Stand befand sich eine Theke, in der es Terrinen, Pasteten, Kaviar, Graved Lachs und feine Salate gab. Das war ein guter Standort, da ich wusste, dass die Menschen, die dort einkauften, bereit waren, eine meiner Suppen, wie die mit Sauerkraut, Kümmel und Speck, zu probieren.

Ich hatte schon einiges verkauft, ein paar angenehme Gespräche geführt und meinen Cappuccino getrunken, als auf einmal zwei Männer an meinen Stand kamen, die für mich so wichtig waren wie in vergangenen Zeiten die Tester vom *Guide Michelin* oder *Gault&Millau.* Der eine war der Geschäftsführer von «Globus delicatessa», der Feinkostabteilung in diesem Center, der andere sein oberster Boss. Die beiden ließen sich eine Kostprobe reichen. Gespannt wartete ich auf ihr Urteil. Nach dem dritten Schluck verzog der Geschäftsführer das Gesicht. Dann zog er einen kleinen Stahlstreifen aus dem Mund. «Das darf doch nicht wahr sein!», dachte ich. Sofort fiel mir die Dame mit der Schraube ein. Dieses Mal lagen die Dinge jedoch anders. Der Mann hatte keinerlei Grund, ein Corpus delicti in die Suppe zu schmuggeln. Es hatte auch nicht die Größe der Schraube, doch das spielte jetzt keine Rolle mehr. Stahlstreifen ist Stahlstreifen. Diese haben in Suppen nichts verloren.

Oh, Herr, lass Abend werden!, dachte ich. Oder öffne die Erde, damit ich voller Scham darin versinken kann.

Ein Blick genügte, um zu wissen, dass dieses verflixte Ding von einem Stahlknäuel stammte, den wir zum Reinigen der Pfannen benutzten.

Doch was tat ich? Anstatt die Sache zuzugeben, log ich das Blaue vom Himmel herab.

«Keine Ahnung, wo das herkommt», sagte ich und schämte mich sofort. «Hab ich noch nie gesehen. Ich kann es mir nicht erklären, wie es in die Suppe kommt.»

Würden mich die beiden auf der Stelle rausschmeißen? Herr Hubler, die Zusammenarbeit mit Ihnen ist beendet. Bei uns verkaufen nur Leute, die Suppen ohne Stahleinlage bieten. So etwas können wir unseren Kunden nicht zumuten!

Ich erwartete das Schlimmste. Doch nichts passierte. Nach einer Weile, die mir wie eine Ewigkeit vorkam, zogen sie von dannen. Ich dankte Gott für das ausgebliebene Donnerwetter und machte weiter bis zum Ladenschluss. Wann immer jemand eine Suppe probierte, schaute ich mit Argusaugen, ob nicht noch ein Stahlstreifen auftauchte. Nun hatte ich drei Jahrzehnte Kocherfahrung auf dem Buckel, war dem Drill meiner strengen Meister unterworfen gewesen und hatte selbst meine Angestellten gedrillt, damit so ein Malheur niemals geschah – und nun war es doch passiert. Es gelang mir nicht, mir einzureden, das könne doch mal passieren, Schwamm drüber! Dazu hatte ich noch gelogen wie ein Bürstenbinder. Ich war fix und fertig, als ich gegen 22 Uhr zu Hause war. Die halbe Nacht wälzte ich mich im Bett hin und her. Am Morgen, bei der Andacht, beschloss ich, die Sache ins Reine zu bringen. An diesem Tag war Therese an der Reihe, Standdienst zu versehen.

«Wenn du die beiden wiedertreffen solltest, dann sag ihnen», gab ich ihr mit auf dem Weg, «dass ich gelogen habe. Dass ich weiß, woher der Stahlstreifen stammt, und um Entschuldigung bitte.»

Vielleicht klang das in ihren Ohren zu sehr nach «Federlesen», vielleicht weiß sie auch einfach aus ihren Jahren im Service, wie man so eine Sache richtig anpackt, nämlich mit dem nötigen Quäntchen Humor.

Tatsächlich traf sie den Geschäftsführer am nächsten Tag. «Herzlichen Glückwunsch», rief sie dem armen Mann entgegen, der am

Tag zuvor Stahl zwischen den Zähnen gehabt hatte, «Sie haben den Jackpot gezogen! Sind der Einzige, der seit Gründung der ‹Sozialen Arbeits- und Wohngemeinschaft Krone› ein Stück Blech aus der Suppe gefischt hat!»

Eigentlich habe ja ich den Jackpot gezogen, eine derart geschickte Frau an meiner Seite zu haben! Der Geschäftsführer nahm den Ball mit einem Augenzwinkern auf und wünschte ihr Erfolg für den Tag. Eine Woche später rief er bei mir an. Gleich sackte mir das Herz in die Hose. Er hat ein paar Nächte drüber geschlafen, dachte ich, jetzt ist der Ofen aus. – Aus dem Hörer drang eine freundliche Stimme.

«Herr Hubler, schön, Sie zu sprechen. Ich wollte mich nach Ihrem Wohlergehen erkundigen.»

Ich musste wirklich den Eindruck eines begossenen Pudels hinterlassen haben.

«Und ich will mich bei Ihnen entschuldigen», fuhr er fort.

Was war jetzt los? Hatte ich richtig gehört??

«Ich hätte das Ding einfach runterschlucken sollen, es war ja klein genug», sagte er. «Und es nicht vor den Augen des Chefs aus dem Mund ziehen.»

Dann hörte ich ihn lachen.

«Wissen Sie, ich bin selbst Koch. Ich weiß, dass so etwas nicht passieren sollte, aber schon mal passieren kann.»

Eigentlich wollte ich antworten: «Aber doch nicht bei mir!» Doch dann merkte ich: Er hatte ja Recht. Wo Menschen arbeiten, passieren Fehler. Selbst die geschicktesten Teppichknüpfer Persiens haben in ihre besten Werke am Ende, wenn jeder der vielen Millionen Knoten am richtigen Platz war, mit Absicht eine kleine Unregelmäßigkeit eingeknüpft. Weil, so sagten sie, der Mensch nicht perfekt ist. Nur Gott ist das. Ein Gleichnis, aus dem ich einiges lernen konnte. An diesem Tag staunte ich über so viel Entgegenkommen! Wir durften weiterhin in den Geschäften unsere Suppen verkaufen.

Natürlich war unsere Arbeit nicht darauf angelegt, den großen Reibach zu machen. Unsere Beschäftigten wurden von der Invalidenversicherung, der Arbeitslosenversicherung oder dem Sozialamt unterstützt, wie das in der Schweiz üblich ist. Darüber hinaus bezahlten wir ihnen aber einen Lehrlingslohn. Wir waren schon immer der Meinung, dass jeder Mensch für seine Arbeit bezahlt werden soll. Die zusätzliche Motivation, die alle an den Tag legten, gab uns Recht. Auf diese Weise war die «Soziale Arbeits- und Wohngemeinschaft Krone» selbsttragend. Wir schauten danach, eine schwarze Null zu schreiben, und wurden nervös, wenn daraus eine rote Zahl zu werden drohte.

Als Therese und ich eines Tages zu einem Event von Willi Schmutz ins Schloss Thunstetten eingeladen wurden, kamen wir mit ihm ins Gespräch. Bis zu dieser Zeit kannte ich ihn als erfolgreichen Unternehmer in Sachen Catering – von seinen Schokoladenträumen wusste ich noch nichts.

Wieder wurde ein unsichtbarer Mechanismus in Gang gesetzt, denn noch immer befanden wir uns in der Zeit der Wunder. Das nächste stand bereits vor der Tür, und für Therese und mich sollten süße Zeiten anbrechen.

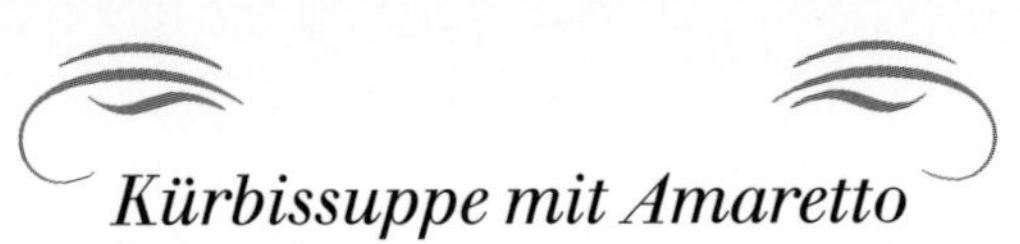

Kürbissuppe mit Amaretto

Kleine Ursache, große Wirkung. Der Amaretto macht's! Dank Butter und Rahm schmeckt diese Suppe ohnehin schon großartig. Doch der Amaretto ist das berühmte Tüpfelchen auf dem i. Kein Wunder, dass diese Suppe im Herbst und Winter der Renner bei unseren Wiederverkäufern war. Doch probieren Sie selbst!

Für 2 Liter benötigen Sie:

70 g	Zwiebeln, gehackt
7 g	Knoblauch, fein geschnitten
100 g	Butter
2 g	Currypulver
50 g	Reismehl
1,2 l	kräftige Hühnerbouillon
600 g	Kürbis (Muscat oder Butternut), in grobe Würfel geschnitten
70 g	Orangensaft
250 g	Rahm
5 g	Zucker
30 g	Amaretto
Salz	

- Zwiebeln und Knoblauch in Butter andünsten. Curry beigeben, ebenfalls kurz andünsten. Mit Reismehl bestäuben. Mit Bouillon auffüllen. Kürbis beigeben, aufkochen. 1 Std. köcheln lassen. Mit dem Stabmixer pürieren. Orangensaft, Rahm und Zucker beigeben und nochmals aufkochen. Amaretto beigeben. Mit Salz abschmecken.

Schokolade forever!

«Es war einmal …» – mit diesen Worten beginnen Märchen. Und weil wie ein Märchen klingt, was geschehen sollte, wähle ich sie gerne. Es war einmal, dass zwei begabte Konditoren für ihr junges Unternehmen nach geeigneten Räumen suchten. Heute spräche man von einem Start-up. Was sich Willi Schmutz und Martin Schwarz in den Kopf gesetzt hatten: Sie wollten einen Catering-Service und eine Produktion von Schokolade-Spezialitäten auf die Beine stellen. Nun ist die Schweiz nicht das Land, wo es an solchen Produktionsstätten mangelt. Im Gegenteil, wahrscheinlich ist nirgendwo auf der Welt der Konkurrenzkampf größer. Man muss schon viel bieten, um in diesem Marktsegment Fuß zu fassen. Genau das hatten die beiden vor.

Ihre «Casa Nobile» sollte etwas ganz Besonderes werden. Doch ohne geeignete Produktionsstätte blieb vorerst noch der Wunsch Vater des Gedankens. So führte das eine zum anderen, oder wie ich es zu dieser Zeit sah: Braut und Bräutigam fanden sich.

Die beiden Konditoren brachten ihre Erfahrung im Catering mit und hatten sich durch das Kochen zum Experimentieren mit Schokolade inspirieren lassen. Man kann seinen Tag mit weitaus nutzloseren Dingen verbringen als mit der spannenden Frage, welche ausgewählten Zutaten in ein Praliné passen und von welchen man besser die Finger lässt. Der Kanton Bern, zu dem Bätterkinden gehört, bietet dafür schon einmal fast alles, was das Herz begehrt. Karotten aus Murzelen am Wohlensee, die mit dem Käse eines berühmten Käsers kombiniert werden. Matte-Dry-Gin, der an der Aare gebrannt wird. Kartoffeln aus dem Emmental. Ingwerer, ein lokaler Likör, mit seinen unzähligen Geschmacksaromen.

Willi Schmutz und Martin Schwarz fanden heraus, dass vieles funktioniert, wenn auch nicht alles. Ein Praliné aus einem parmesanähnlichen Käse und Karotten gibt es nur bei ihnen. Oder jenes mit dem Aroma der italienischen Amalfi-Zitrone, der besten Zitrone der Welt. Noch während ich an diesem Buch arbeite, wurden die beiden vom *Choco Guide* als beste Chocolatiers in der Schweiz ausgezeichnet.

Als sie sich im März 2005 in der «Krone» ansiedelten, klappte unsere Zusammenarbeit auf Anhieb. Für ihre Caterings nutzten sie die Räume unserer ehemaligen Patisserie mit dem dazugehörigen Kühlraum. Den Rest der Küche belegten wir mit der «Sozialen Arbeits- und Wohngemeinschaft Krone». Für die Produktion der Schokoladen-Spezialitäten gab es im ersten Stock genügend Platz. Nur manchmal, wenn besonders umfangreiche Caterings anstanden, war es unerlässlich, auch unseren Teil der Küche zu verwenden.

Mir ging jedes Mal das Herz auf, wenn ich dann unsere leistungseingeschränkten Mitarbeiter neben den Casa-Nobile-Profis am Herd stehen sah. Sie benutzten dieselben Pfannen, dieselben Kochlöffel, denselben Kombisteamer.

«Geht doch!», dachte ich dann. Warum nur glauben noch immer so viele Leute, dass Menschen, die weniger Leistung bringen können, weniger wert wären? Selbst wenn wir wie immer versuchten, um jeden Preis Hektik zu vermeiden, während bei den Profis die geschäftige Betriebsamkeit zum Alltag gehörte, funktionierte das Zusammenspiel. An einem Tag bereiteten die Casa-

Nobile-Profis ein orientalisches Catering für 1200 Personen mit allem Drum und Dran vor – inklusive extra aus Nordafrika importiertem Geschirr –, während wir daneben vierundzwanzig Schalen Schweinspiccata mit Spaghetti, Tomatenrahmsauce und Spinat für Globus zubereiteten.

Zu einer anderen Gelegenheit begannen die Profis in der Nacht mit der Produktion von 14.000 Sandwiches und waren noch mitten in der Arbeit, als wir um 8.30 Uhr eintrudelten, um unsere zwanzig Menüs für den Mittagstisch im «Dorfbeizli» vorzubereiten.

Nach meinen Erfahrungen aus drei Jahrzehnten in der Küche hatte ich eine Menge Konflikte erwartet. Doch nicht ein einziges Mal fiel ein gehässiges Wort oder brach ein Streit aus! Dass die Zusammenarbeit zwischen Willi Schmutz, Martin Schwarz, Therese und mir von Respekt, Nachsicht und Wertschätzung geprägt war, ließ sich ja noch nachvollziehen. Wir hatten uns einfach gesucht und gefunden. Dass aber auch unsere und ihre Angestellten denselben Umgang pflegten, war ein Wunder.

Unsere jeweiligen Keller und Kühlräume standen immer offen. Hunderte Flaschen wertvoller Wein, der Tausende von Franken kostete, Fleisch, Früchte, Gemüse, Schokolade – alles war für alle frei zugänglich. Ich habe genügend Küchen erlebt, wo Schwund und das daraus entstehende Misstrauen für eine vergiftete Atmosphäre sorgten. Wir hatten damit nie ein Problem.

Das Einzige, was uns Kopfzerbrechen bereitete, war der zunehmende Erfolg der Chocolatiers. Wenn zu Weihnachten und zum Jahreswechsel große Aufträge kamen, stießen sie an die Grenzen ihrer Räumlichkeiten.

Es war klar, dass sie gerne in der «Krone» bleiben wollten. Genauso klar war, dass sie dafür das ganze Haus benötigten.

Damit würden wir die «Soziale Arbeits- und Wohngemeinschaft Krone» nicht weiterführen können, die wir mittlerweile schon über acht Jahre lang am Laufen gehalten hatten. Und noch eines galt es zu bedenken: Das «Dorfbeizli» würde schließen müssen, was nichts anderes bedeutete, als nach 175 Jahren die «Krone»-Tradition zu beenden.

Andererseits waren Therese und ich in einem Alter, wo andere längst vom Ruhestand sprechen. Auch wenn dieser Ausdruck nicht in unserem Wortschatz vorkommt. Doch wenn ich den Taschenrechner zückte, kam ich schnell darauf, dass allein Therese in den 37 Jahren, die sie in der «Krone» verbracht hat, gut und gerne 60.000 Überstunden geleistet hat. Auch bei mir hatten sich ein paar davon angehäuft. Unsere Töchter waren längst flügge, und neue Aufgaben lockten.

Wenn ich mir heute diese Zeit des Abwägens noch einmal in Erinnerung rufe, wird mir bewusst, dass es eigentlich kein langes Abwägen gab. – Nachdem geregelt war, dass wir alle unsere Mitarbeiter gut weitervermitteln konnten, war die größte Aufgabe geschafft. Das hatte uns sehr am Herzen gelegen. Und auch, wenn die «Krone» kein Gasthaus mehr sein sollte, würde noch immer die Gastlichkeit in ihr zu Hause sein. Statt «Krone» würde «Casa Nobile» über dem Eingang prangen – ein würdiger Nachfolger, da waren wir uns sicher. So setzten wir am 1. März 2013 unsere Unterschriften unter den entsprechenden Vertrag. Therese und ich behielten unsere Wohnung, und ich durfte weiterhin die kleine Küche des ehemaligen «Dorfbeizli» benutzen. Nun wurde aus meinem Beruf, der mir in all den Jahren zur Berufung geworden ist, ein Hobby. Wer kann das schon von seinem Beruf sagen?

Schokoladenmousse mit Grand Marnier

Darf ich Ihnen meine Genussphilosophie verraten? Genuss steigert sich nicht proportional zur Menge von dem, was man isst, sondern mit dem bewussten Wahrnehmen von Geschmack und Aromen. Das ist außerdem eine Hommage an den Koch oder den Konditor: So wie ich nicht achtlos an Da Vincis Mona Lisa vorbeilaufe, sondern zumindest einen Moment lang ehrfürchtig staunend vor dem Gemälde stehen bleibe, esse ich beispielsweise eine Praline immer in zwei bis drei Bissen, um ihren delikaten Geschmack voll auskosten zu können. Nebenbei hat diese Philosophie dazu beigetragen, dass ich während der letzten fünfzig Jahre nie die Kleidergröße wechseln musste.

Für 10 Portionen benötigen Sie:

170 g	Eiweiß
10 g	Zucker
40 g	Wasser
100 g	Zucker
50 g	Grand Marnier
1	Prise Salz
1	Blatt Gelatine, eingeweicht und ausgepresst
230 g	dunkle Kuvertüre, geschmolzen
40 g	heißes Wasser
280 g	Rahm, halb geschlagen
50 g	gehobelte, geröstete Mandeln

- 170 g Eiweiß mit 10 g Zucker zu Schnee schlagen. 40 g Wasser mit 100 g Zucker zum kleinen Ballen (115 °C) kochen, im Faden zum Eischnee gießen, kalt schlagen. Das nennt man Meringue italienne, italienisches Baiser. Grand Marnier erwärmen, Salz und Gelatine darin auflösen, unter die Kuvertüre rühren. Wenn diese klumpt, 40 g (bei Bedarf noch mehr) heißes Wasser einrühren, bis die Kuvertüre glattgerührt ist. Zuerst den Rahm, dann die Meringue italienne unter die Kuvertüre heben.

- In Schüssel oder Gläser abfüllen und gut durchkühlen lassen.
- Nach Belieben mit Schlagrahm garnieren.
- Mit gehobelten, gerösteten Mandeln bestreuen.

Bei diesem Rezept ist entscheidend, eine erstklassige Kuvertüre zu verwenden.

Zum Abschluss ein Dessert

«Freude am Freudebereiten» war das Motto in der «Krone» gewesen, egal in welcher Epoche. Das kam uns auch nicht abhanden, nachdem die Tür hinter dem letzten Gast ins Schloss gefallen war. Bisher hatte ich immer wieder Gelegenheit gehabt, auf Kreuzfahrtschiffen, bei internationalen Kochwettbewerben oder für Bühnenshows Bätterkinden mit der weiten Welt einzutauschen. Für Therese hatten sich diese Möglichkeiten nie ergeben. Dafür war jetzt die Zeit gekommen: Sie lernte Eric Trutwein kennen, der im damaligen Burma und heutigen Myanmar das «Gentle Breeze Guest House» baute. Der daraus erwirtschaftete Gewinn fließt in die, ebenfalls von Trutwein errichtete, Schule für Kinder aus ärmsten Verhältnissen.

2013 stand die Anlage noch in ihren Anfängen. Es gab sieben Zimmer mit fünfzehn Betten. Gekocht wurde auf Feuerstellen im Freien. Anfänglich wurde das Geschirr unter fließendem kaltem Wasser ohne Seife abgewaschen. Es gingen kaum vier Monate ins Land, seit wir die «Krone» übergeben hatten, als Therese zum ersten Mal für einen mehrwöchigen Arbeitseinsatz nach Myanmar flog. Seit dieser Zeit ist sie zweimal im Jahr für jeweils fünf Wochen vor Ort.

Zurück in Bätterkinden managt sie den Betrieb vom heimischen Schreibtisch aus. Weil sie unser Motto «Freude am Freudebereiten» nahtlos auf das «Gentle Breeze Guest House» übertragen hat, blieb der Erfolg nicht aus. Während ich diese Zeilen schreibe, gibt es schon 32 Betten und sind zwei neue Suiten im Bau. Gäste genießen den Swimmingpool und leckeres Fusion

Food im Restaurant. Sie buchen Motorbike-Safaris, machen Wanderungen und Bootsfahrten. Airbnb zeichnet Therese seit 2017 jährlich als «Superhost» dafür aus, dass während des Jahres kein Gast länger als 24 Stunden auf die Beantwortung seiner Anfrage warten muss. 2019 stand das Rating auf Booking.com zum dritten Mal bei 9.6 Punkten, während bei TripAdvisor alle 65 Bewertungen mit 5 von möglichen 5 Punkten versehen wurden. Viel mehr ist nicht möglich.

Es geht allerdings nicht nur darum, Gästen einen schönen Urlaub zu bieten, sondern um den Transfer von Gastro-Wissen sowie die Begleitung der Schüler aus armen Verhältnissen. Neben dem Aufbau des Betriebs sorgt Therese dafür, dass alle Mitarbeiter fachlich gut ausgebildet werden. Ebenso, wie sie es auch in der «Krone» gehalten hat. Nur eine solide Ausbildung sichert Menschen einen Weg aus der Armut und eröffnet Perspektiven für die Zukunft. Zusammen mit Eric Trutwein ist Therese ein Vorbild im Vermitteln dieser christlichen, lebensverbessernden Werte.

Auch mich zog es wieder in die weite Welt. Ich begann, mich auf dem afrikanischen Kontinent in Togo bei «Jugend mit einer Mission» und der «Mission des Volontaires Contre la Pauvreté» zu engagieren. Zu Hause wuchsen mir Menschen ans Herz, die aus Afrika, Afghanistan, Syrien und anderswo flüchten mussten. Was ist völkerverbindender als das gemeinsame Kochen und Essen?

Im Herbst 2015 besuchte ich die Notunterkunft in der ehemaligen Zivilschutzanlage Hindelbank. Schon seit über drei Jahren waren dort bis zu hundert junge asylsuchende Männer untergebracht. Eine Rampe führte in einen unterirdischen Bunker. Zwar standen die Panzertore offen und waren durch Türen ergänzt worden, trotzdem empfing mich eine Welt aus Stahl und Beton, die wenig einladend war. Kein Lichtstrahl drang von außen herein. Dicht an dicht drängten sich eiserne Doppelstockbetten in den Schlafräumen; davor gab es eine Reihe Spinde, wie ich sie aus der Zeit in der Armee kannte. Ein Aufenthaltsraum diente als Speisesaal und war nicht einmal groß genug, dass alle einen Platz zum Sitzen hatten. Es gab eine Küche, doch die großen Küchengeräte waren verkleidet worden. Darauf waren Kochfelder installiert, wie sie in Haushalten verwendet werden. Es gab Kühlschränke mit kleinen Fächern, die abschließbar waren. Offenbar war freier Zugang zu allem, wie ich es in der «Krone» mit den Mitarbeitern von «Casa Nobile» und meinen Leuten erlebt hatte, hier nicht möglich. Eine Lüftungsanlage pumpte pausenlos Sauerstoff herein. Ich war froh, als ich diesen freudlosen Ort wieder verlassen konnte.

Neben dem Eingang hatten einige Flüchtlinge einen Gemüsegarten angelegt. Doch bei schlechtem Wetter und in der kalten Jahreszeit mussten sie rund um die Uhr im Bunker ausharren. Was für ein furchtbarer psychischer Stress! Dazu kamen zermürbendes Nichtstun, die vielen ungelösten Fragen über die Zukunft und die sprachlichen, kulturellen und religiösen Hindernisse. Im Bunker lebte der afghanische Moslem neben dem christlichen Eritreer auf engstem Raum.

Nachdem ich gesehen hatte, was ich gesehen hatte, bot ich mich als freiwilliger Helfer an. Es gab schon eine Vielzahl von Menschen, die halfen, wo sie konnten. Sie veranstalteten Spielnachmittage, organisierten Fahrradfahrten, gaben Deutschunterricht. Zunächst gab es für mich nichts zu tun. Das änderte sich vor Weihnachten.

«Wir wollen ein Weihnachtsessen auf die Beine stellen», wandte sich die Leiterin an mich. «Könntest du mit den Leuten kochen? Wir möchten noch Gäste einladen. Rund 150 Personen werden da sein.»

Wenn das nicht genau die richtige Herausforderung war! Trotz meiner Erfahrung hatte ich jedoch keine richtige Vorstellung, was sich ein Araber oder Afghane unter einem Festessen vorstellt. Bisher hatten sich kleine Gruppen Asylsuchender zusammengefunden, um miteinander zu kochen; anders war das auf den Haushaltsherden nicht zu bewerkstelligen. Nun sollte unter meiner Aufsicht eine Gruppe Eritreer, Afghanen und Araber für jeweils 50 Personen kochen.

«Ich will erst herausfinden, was sie essen wollen», antwortete ich. «Können wir ein Meeting machen?»

Ich erinnerte mich, wie mich Küchenchef Josef Lumetsberger auf dem Kreuzfahrtschiff Crystal Symphony gefragt hatte, was ich kochen wollte, um dann meinen Menüvorschlag zu zerpflücken, weil die Zutaten nicht zu bekommen waren. Wie würde es hier sein? Was würden Menschen aus den verschiedensten Ländern gerne zu Weihnachten essen?

In der Sitzung fand ich es nicht heraus. Keiner von uns verstand den anderen. Wir unterhielten uns mit Händen, Füßen und vielerlei Gesten, was den Clown Dimitri sicherlich erfreut hätte. Allein, meine Menü-Liste blieb leer.

«Wer braucht schon Rezepte», sagte ich mir. «Hast du nicht Zeit deines Lebens gepredigt, Inspiration ist das Wichtigste? Schau dir doch nur mal dein Rezeptbuch aus der Gewerbeschule an. Es stehen tolle Sachen drin, doch oft so kurz und knapp, wie es kürzer und knapper gar nicht geht.»

Ich wandte mich an die Gruppe und bat sie gestenreich, in ihren eigenen Sprachen Zutaten und Mengen zu notieren. Eine Stunde verging, dann hielt ich drei Listen in der Hand. Eine war in Farsi notiert, die beiden anderen in arabischer und in eritreischer Schrift. Wir lachten viel, bis ich herausfand, was dort notiert war. Die Araber waren der Meinung, dass für 50 Personen 22 Kilogramm Rindfleisch nötig seien. Die Eritreer verlangten für die gleiche Anzahl Gäste 3 Kilogramm Poulet. Und die Afghanen wollten lediglich 1 Kilogramm Lammfleisch. Zwiebeln brauchten alle in Hülle und Fülle. Tomaten waren ebenfalls gefragt. Der Rest blieb auch nach tapferem Weiterfragen schleierhaft. Das brachte mich auf eine Idee. Jede der Ethnien hatte einen eigenen Küchenchef nominiert. Ich würde die Listen einfach Listen sein lassen und mit den drei Chefs ins zentrale Einkaufszentrum fürs Gastgewerbe fahren, wo es alles gab.

Was ich für einen guten Einfall hielt, sollte sich als Rohrkrepierer erweisen. Kaum waren wir dort, verlor ich meine Schützlinge aus den Augen! Wenige Tage vor Weihnachten brummte der Laden. Dazu kam die Option, aus dem Schlaraffenland alles hinauszutragen, was nur möglich war – wer konnte es meinen Chefs nachsehen, diese Möglichkeiten nach Herzenslust auszukosten?

Von überall her schleppten sie Zeugs an, das ich zum großen Teil wieder zurücktrug, da es mit unserem Weihnachtsessen nichts zu tun hatte. Dann übermannte mich das Bestreben des ehemaligen Restaurant-Chefs, beim Einkauf den Taschenrechner im Blick zu behalten: Wunderbar, Pouletschenkel sind im Angebot? Dann nehmen wir doch diese an Stelle ganzer Poulets. Das kam für meinen Souschef aus Eritrea nicht in Frage.

«Na, hör mal ...», wollte ich gerade loslegen, als mir einfiel, dass die Gründe dafür womöglich mit den kleinen Geheimnissen der eritreischen Küche zusammenhingen, die für mich noch im Verborgenen lagen. Tatsächlich stellte sich heraus, dass dort der Hintern des Vogels, und nicht die Schenkel oder die Brust, als größte Delikatesse gilt. Man lernt nie aus!

Für so viele Personen im Bunker zu kochen war unmöglich. Auch die Küche im Kirchengemeindehaus, die uns angeboten wurde, war für drei Teams zu klein. Wieder gab es ein lebhaftes Palaver. Wir einigten uns darauf, dass die Araber in der Nacht im Bunker kochen würden. Für die Eritreer installierte ich eine provisorische Küche vor dem Kirchengemeindehaus. Was dazu nötig war – von Tischen über Gasherde bis Pfannen, Becken, Schneidbretter, Kübel, Messer, Kochlöffel und vieles mehr –, karrte ich aus der «Krone» heran. Die Afghanen würden am Heiligen Abend morgens um 7 in der Gemeindehausküche loslegen. Das Einrichten der Ausgabestation im Festsaal sowie das Aufdecken und Schmücken der Tische wollten wir alle gemeinsam am selben Vormittag erledigen.

Doch der Einzige, der an Heiligabend zur verabredeten Zeit auftauchte, war ich. Von meinen Kochschützlingen war weit und breit nichts zu sehen. Als sie endlich kamen, verlangten die Afghanen als Erstes Latexhandschuhe. Ich traute meinen Ohren nicht.

«Bei euch zu Hause zieht doch kein Mensch Latexhandschuhe zum Kochen an!», hielt ich dagegen.

Meine Meinung glitt an ihnen ab wie Eier in der Teflonpfanne. Damit es losgehen konnte, zog ich von dannen und besorgte das Gewünschte. Hatte man meinen Schützlingen Vorträge über hygienische Vorschriften in der Schweiz gehalten? Vielleicht waren

Handschuhe für sie der Inbegriff von Hygiene, und sie wollten damit beweisen, dass sie sich unserem Standard angepasst hatten? Ihre neu erwachte Motivation schien dieser Theorie Recht zu geben. Kaum hatte ich die Handschuhe verteilt, legten alle los wie die Feuerwehr.

Nun wurde geschnitten, gedämpft, gekocht und gebraten, was das Zeug hält. Schlag 10 Uhr trat ihr Chef auf mich zu. Gestenreich machte er mir klar, dass sie umgehend 8 Kilogramm Brot, 10 Liter Buttermilch, noch viel mehr Zwiebeln und weitere Tomaten bräuchten. Mittlerweile kam ich mir vor wie der Kochstift, der ich einst gewesen war und den jeder nach Belieben hierhin und dorthin schicken konnte. Erneut stieg ich ins Auto, kämpfte mich durch den Weihnachtsverkehr in den nächsten Supermarkt und holte, was verlangt wurde.

Dass man die Schweiz mit einer gewissen Pünktlichkeit verbindet, ist kein Geheimnis. Um 12 Uhr sollte das Weihnachtsessen beginnen, doch eine Stunde davor stand fest: Das würde Wunschdenken bleiben. Meine Schützlinge hatten die Ruhe weg, während meine Schlagzahl im roten Bereich drehte wie in den guten alten Zeiten der Gourmet-Küche im Hochbetrieb. Ich erinnerte mich an die biblische Geschichte von der Speisung der Fünftausend und betete darum, dass sich ein ähnliches Wunder bei uns wiederholen möge.

Punkt 12 Uhr war von einem Wunder nichts zu sehen. Allerdings war auch noch kein einziger Gast eingetroffen, was die Sache wieder etwas entspannte.

Eine Stunde später sah es dann anders aus. Die hungrigen Gäste saßen erwartungsfroh beisammen. Ich hatte einen Tisch mit Warmhaltebädern für die beiden Gerichte der jeweiligen Kochgruppen vorbereitet. Deren Chefs fuhren aber kurzerhand wesentlich mehr Speisen auf. «Sieh es locker», dachte ich mir, als die Warmhaltebäder hinten und vorne nicht ausreichten, «Hauptsache, es schmeckt.» Und wie es das tat! Meine Schützlinge waren zu großer Form aufgelaufen. Jedes Gericht entpuppte sich als reine Gaumenfreude. Es waren einzigartige Kombinationen aus fremden Gewürzen und geheimnisvollen Saucen, von denen ich nun kosten durfte – und die ich anschließend ehrlich lobte. Jede der drei Ethno-Küchen schmeckte mir ausgezeichnet. Ich hatte ein Dessert vorbereitet nach bester Gaston-Lenôtre-Tradition: Es gab Jogurt-Limonen-Mousse mit Löffelbiskuit, Aprikosenkompott, Schokoladenperlen und gerösteten Mandelstäbchen.

Voller Stolz trug ich meine Weihnachts-Überraschung auf – und musste mit weinendem Auge erkennen, dass kaum jemand danach griff! Bei den Menschen, die an diesem Tag zusammenkamen, kennt man keine Desserts mit Creme, Mousse und Pudding. In ihren Kulturkreisen werden schnell verderbliche Produkte wie Rahm nicht hergestellt. Dort hat sich eine Dessert-Tradition entwickelt, die süßes, meist aus Honig und Mandeln bestehendes Gebäck anbietet. Dazu stehen Früchte hoch im Kurs.

Mein Dessert-Fiasko war jedoch schnell vergessen, als ich in die glücklichen Augen meiner Köche und der Gäste blickte. Die gute Laune hielt auch an, als wir uns ans Aufräumen und Putzen machten. Zwölf Stunden dauerte der Arbeitseinsatz. Damit lagen wir gut im Schnitt eines üblichen Restauranttags. Ich war groggy, aber zufrieden und um einige wertvolle Erfahrungen reicher.

Wie so oft entstand aus einer erfolgreichen Premiere eine Fortsetzung. Für ein symbolisches Entgelt konnte ich alle drei Wochen jeweils freitags den Kinderhort der Gemeinde Hindelbank mieten. Dort gab es eine modern ausgestattete Küche mit Speisesaal, der vierzig Personen Platz bot. Da sie nur einen Steinwurf von der Notunterkunft entfernt lag, kochte ich von nun an regelmäßig mit jungen Männern aus Iran, Afghanistan, Syrien und Pakistan. Afrikaner kamen zwar manchmal auch, doch die meisten von ihnen hatten von Kochen überhaupt keine Ahnung.

Auf dem afrikanischen Kontinent ist Kochen für Männer oft ein Tabu. Das erzählt auch der afrikanische Spitzenkoch Pierre Thiam in seinem Kochbuch «Yolélé». Für ihn war es schier unmöglich, in seinem Heimatland Senegal das Kochen zu erlernen – er musste dazu erst nach New York auswandern.

Einige meiner Schützlinge aus den anderen Ländern zeigten jedoch genug Talent für eine erfolgreiche Laufbahn. Immer wieder war ich fasziniert von ihren Kochkünsten. Hin und wieder gelang es ihnen auch, mich mit ihrer rustikalen Vorgehensweise zu schockieren. Einmal wuschen die Afghanen die Poulets gründlich ab, entfernten anschließend die Haut, kochten sie im Salzwasser gar und brieten sie anschließend im Ofen auf einem Bett von Gemüse. Mir fielen fast die Augen aus dem Kopf, als ich das sah. Doch entgegen jeder Kochtheorie war das Resultat lecker!

In der Schweiz gibt es die Organisation «Tischlein deck dich». Sie engagiert sich für die Rettung der jährlich über 2,8 Millionen Tonnen einwandfreier Lebensmittel, die in unserem Land ansonsten vernichtet würden. Von dort bekamen wir Salate, Gemüse und Obst. Um Fleisch und Gewürze zu besorgen, fuhr ich mit den

Jungs ins benachbarte Burgdorf, wo es einen arabischen Supermarkt gibt. Dort bekamen wir Halal-Fleisch für die Muslime sowie eine bestimmte Sorte indischen Reis, der für Kabuli, das afghanische Nationalgericht, unerlässlich ist. Ich hätte gerne meine alten Lehrmeister an der Seite gehabt, als wir diese Speise zum ersten Mal zubereiteten.

Was hätten ein Ernesto Schlegel oder ein Guido Jäger dazu gesagt?

Ich staunte über die exotische Art und Weise: Erst wird der Reis gründlich gewaschen, dann im Wasser gekocht und abgeschüttet. Anschließend belegt man den Boden eines Kochtopfes mit rohen Kartoffelscheiben oder Fladenbrot. Darauf wird der gekochte Reis kegelförmig aufgeschichtet. Mit dem Stiel eines Kochlöffels werden Löcher in den Reiskegel gegraben, damit Dampf entweichen kann. Dann kommen klein geschnittene Karotten, Tomaten oder anderes Gemüse und Rosinen dazu. Zuletzt breitet man ein Tuch über den Topf, setzt den Deckel darauf und beschwert ihn mit einem Gewicht. Nun lässt man den Reis auf schwacher Flamme etwa eine Stunde köcheln. Dabei bildet sich am Boden eine dicke braune Kruste, die als Delikatesse gilt. Zusammen mit Rind- oder Lammfleisch in einer kräftigen, mit Koriander, Kreuzkümmel, Stern-Anis, Kardamom und Chili gewürzten Soße ist das Kabuli nun zum Verzehr bereit. Wann immer wir es auf den Tisch brachten, konnten wir mit zufriedenen Gästen rechnen. Und da auch in dieser Küche mein altes Motto «Freude am Freudebereiten» galt, gab es häufig Kabuli! Dazu improvisierte ich aus der «Tischlein deck dich»-Ware zwei oder drei Gerichte, die meinen Schützlingen fremd waren. Je nach Jahreszeit konnte das Spargel sein oder Artischocken. Damit hatte ich immer einen schweren Stand. Gab es jedoch eine Gemüse- oder Salatplatte, Falafel, Frittata, Lammfleisch-Röllchen mit Hummus, Guacamole oder auch mal gefüllte Crêpes, leerten sich die Platten in Windeseile.

Nach jedem Kochabend nahm ich das gute Gefühl mit nach Hause, dass gemeinsam kochen und essen alle kulturellen und religiösen Barrieren fallen lässt.

Vielleicht sollte ich doch noch Kochkurse für Politiker anbieten? Es können schließlich nicht genug Barrieren fallen.

Hummus

Hummus aßen die Asylsuchenden aus allen Nationen und Kulturen besonders gerne. Ich mag ihn auch, besonders im Sommer zu Salaten oder gegrillten Gemüsen.

Für rund 500 g benötigen Sie:

200 g	Kichererbsen
1	Knoblauchzehe, gehackt (nicht gepresst, weil beim Pressen der Saft herausgequetscht wird und oxidiert)
20 g	italienische Petersilie, gehackt
120 g	Tahin
20 g	Meerrettich, gerieben
1	Zitrone, Saft und Zeste
40 g	Olivenöl extra vergine
2	Msp. Sambal Olek
2	Msp. Kreuzkümmel, gemahlen
2 g	Raz el Hanout oder ähnliche orientalische Gewürze

Chili nach Belieben

Salz

- Kichererbsen über Nacht in kaltem Wasser einweichen, spülen, abschütten.
- In viel Wasser ca. 90 Minuten sehr weich kochen, abschütten, auskühlen lassen.
- Restliche Zutaten beigeben, im Mixer pürieren. Wenn nötig, wenig Wasser oder Bouillon beigeben.
- Um daraus eine Mousse herzustellen, 300 g geschlagenen Rahm unterziehen.

Epilog

Der Militärputsch vom Februar 2021 in Myanmar stellt Thereses ganze Aufbauarbeit im Guest House «Gentle Breeze» infrage, und meine Arbeit im Rahmen der «Misson des Volontaires Contre la Pauvreté» in Togo geht zu Ende.

Trotzdem, wann immer ich das Buch zur Hand nehme, denke ich an meinen Vater, den Meister der französischen Küche: Was wäre aus mir geworden, hätte er mich nicht als kleiner Junge allen Leuten als künftigen Kronenwirt vorgestellt? Wer kann es schon sagen?

Doch so führte mich mein Weg durch alle nur denkbaren Küchen. Auch wenn ich nach einer 16-Stunden-Schicht in Hitze, Dampf und Bratenfett diesen Weg manchmal gerne verlassen hätte, ging ich ihn doch immer weiter.

Dieser Weg wurde zu meinem Lebensweg. Er führte mich zu meiner Passion, er führte mich zu meiner Freude, er führte mich zu meiner Frau und meiner Familie, und er führte mich in eine persönliche Beziehung mit Jesus.

Ich kann mir kaum vorstellen, dass ein anderer Weg ähnlich viel geboten hätte.

Und weil man als Koch immer Gutes tun kann, wenn man Gutes zubereitet, ist dieser Weg für mich noch lange nicht zu Ende.

Ein herzliches Dankeschön!

Meiner Frau Therese, die mir in der «Krone» als Ehefrau, Freundin, Gastgeberin, Geschäftspartnerin und Managerin zur Seite gestanden ist und mich beim Schreiben dieses Buches als Beraterin begleitet hat.

Daniel Oliver Bachmann, der aus den Zutaten, die ich ihm in Form von Texten und Gesprächen bereitstellte, 21 exquisite «Gerichte» zubereitet hat.

Alex Kurz, meinem langjährigen Freund und «Vater» von diesem Buch. Er hatte Kolumnen und Essays von mir gelesen und mich dazu motiviert – um nicht zu sagen gedrängt –, ein Buch zu schreiben.

Meinen Töchtern Susanne und Barbara. Sie haben eine schöne Portion meiner Koch-Gene geerbt und alle Rezepte nachgekocht, um sicherzustellen, dass sie in haushaltgerechten Mengen funktionieren und schmecken.

Dem Fontis-Team, das meine Geschichte in gediegener Form zwischen zwei Buchdeckel brachte.

Christoph Wyss (Bern) und Fridrun Agbodan (Lomé, Togo), die mich beim «Schmoren, Anrichten und Garnieren» von diesem Buch beraten und ermutigt haben.